내어드림

지은이_ 프랑소와 페늘롱

1651년 프랑스 남서부 지역 2류 귀족의 가정에서 출생하였다.
싸를라(Sarlat)의 주교였던 삼촌을 따라 사제의 길을 선택하면서 사회적으로 인정받는 신학자의 길이 열렸다. 사제 임명 후 1677년 박사학위를 마치면서 설교자와 작가로서의 명성을 쌓기 시작했고, 38세의 젊은 나이에 왕의 손자들, 공작들의 개인 교사가 되었으며 수도원장으로도 임명되었다.
1688년에는 하나님과의 관계에 혁명적 가르침을 준 영적 멘토인 잔느 귀용 부인을 만났고, 그녀가 루이 14세에 의해 이단논쟁으로 투옥되었을 때 의로운 편에 서서 옹호했다. 1695년 캉브레 대주교로 임명되면서 풍요롭고 안락한 삶을 살 수 있었으나 남들이 알아주지 않는 길을 택하여, 불우한 이들을 위한 섬김의 삶을 자청했다. 그가 사는 동안 그리고 수세기가 지난 후에도 그가 쓴 하나님과의 친밀하고도 깊은 교제에서 흘러나온 진정한 격려로 인해, 수많은 카톨릭 신자들과 크리스천들의 영혼이 소성케 되는 역사가 일어나고 있다. 영혼을 꿰뚫는 그의 충고와 권면은 세계 여러 나라의 언어로 번역되어 고전부문의 스테디 셀러로 널리 읽히고 있다.
저서들 : 『내어드림』, 『예수님 마음 찾기』

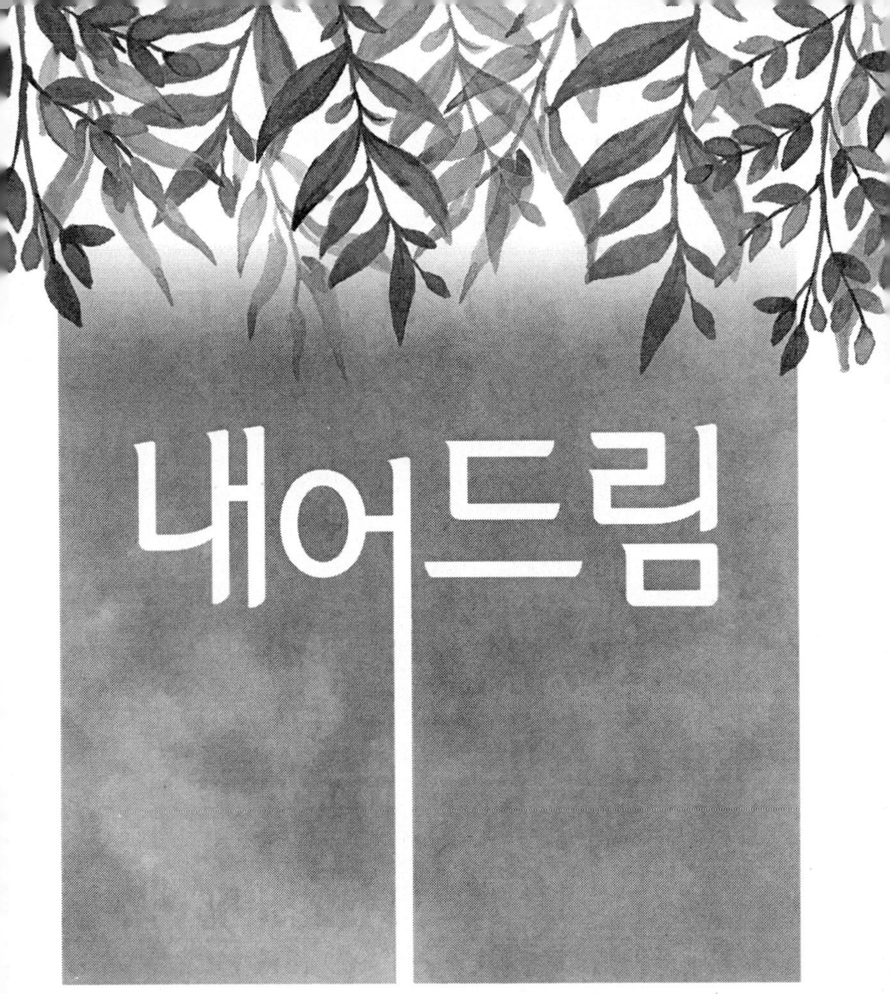

내어드림

프랑소와 페늘롱 지음 | 신은정, 신희정 옮김

순전한 나드

목차

7 서문

01 겸손이 주는 유익	_10
02 평안하게 고통을 이겨내는 방법	_12
03 십자가의 아름다움	_16
04 자아의 죽음	_18
05 평안은 단순함과 순종을 통해 옵니다	_22
06 진정한 평안의 원천은 의지를 내려놓는 데 있습니다	_26
07 진정한 선함은 자아의 죽음에서 시작됩니다	_28
08 넘치는 지식으로 자만하기보다 자비를 품으십시오	_30
09 축복이 당연히 주어져야 한다는 식의 사고방식을 선택하지 마십시오	_34
10 자아의 발견과 죽음	_37

11 우리의 불완전함으로 인해 평안을 빼앗기지 않도록 주의하십시오 _44

12 십자가와 믿음으로 사는 것 _46

13 스스로의 불완전함에 절망하는 것만큼이나 커다란 장애물은 없습니다 _48

14 순전한 믿음은 하나님 한 분만을 바라봅니다 _51

15 우리의 지식이 오히려 우리가 지혜로워지는 것을 방해합니다 _54

16 하나님 아버지는 우리를 상하게 한 사람들도 언제나 환영하시며 그분의 품에 품고 사랑하십니다 _57

17 하나님 안에서의 평온함이 진정한 원동력입니다 _60

18 진정한 우정은 하나님 안에서 발견됩니다 _63

19 기쁨의 근원인 십자가 _65

20 감정이 메마르거나 자기 자신이 드러날 때, 비탄에 빠지지 마십시오 _67

21 우리는 부족한 이들을 사랑하기 위해 태어났습니다 _71

22 죽음에 대한 두려움은 우리의 힘이 아닌 하나님의 은혜로 극복할 수 있습니다 _74

23 때로는 책망을 잘 받을 수 있어야 합니다 _78

24 결점을 허용하지 않는 것이 바로 결점입니다 _81

25 우리 자신이 아닌 하나님의 음성을 들어야 합니다 _84

26 완전한 신뢰는 하나님께 가는 지름길입니다 _86

27 고통과 유혹 중에 있을 때는 결정을 보류하십시오 _88

28 사랑하고 있다면, 모든 것을 가진 것입니다 _91

29 강함보다 나은 약함, 아는 것보다 나은 체험 _94

30 지성이 주는 자만을 주의하고, 참된 지식으로 인도하는 _98
사랑으로 자신을 채우십시오

31 전달하는 사람 때문에 하나님께서 주시려는 선물을 _105
거절하지 마십시오

32 예수님은 가난과 부족함을 이기셨습니다 _108

33 하나님의 뜻, 유일한 보배 _112

34 순종은 영웅적 희생이 아니라 단순히 하나님의 뜻에 _114
고개를 숙이는 것입니다

35 매일의 죽음이 인생의 마지막 죽음을 대신합니다 _117

36 희생은 죽음이 아니라 생명에 속해 있습니다 _119

37 깊은 고통 가운데 부어지는 깊은 은혜 _121

38 하나님께 저항함으로 밀려오는 은혜를 막지 마시길 _123
바랍니다

39 하나님은 영혼에게 말씀하시기보다 영혼 안에 말씀하길 _126
원하십니다

40 마음의 할례 _129

서문

헨리 반 다이크는 "영혼을 가둘 수 있는 유일한 감옥은 바로 자아이다"라고 말하였습니다. 진정한 크리스천으로 살아가고자 하는 모든 이들은 자아로부터의 자유를 추구하며 살아갑니다. 예수님께서는 우리로 하여금 새 피조물이 되어 이기적이고 죄악으로 가득 찬 삶에서 놓임을 얻을 수 있도록 예정하셨습니다. 이러한 삶을 위해 수많은 크리스천들은 내면에서 일어나는 자아와 투쟁하면서 자아를 내려놓는 법을 배우게 됩니다.

이 책의 서신들은 17세기 프랑스 캉브레의 대주교 페늘롱에 의해 쓰여졌습니다. 대주교로 있을 당시, 페늘롱은 매우 부도덕했던 루이 14세 왕실 한가운데서 영적인 삶을 살기 위해 지혜를 구했던 신실한 몇몇 사람들의 영적 조언자가 되었습니다.

페늘롱은 왕실 사람들과의 교제 속에서 그들이 진정 성숙한 크리스천의 삶을 향해 나아갈 수 있도록 격려하는 편지를 쓸 기회를 갖게 됩니다. 이러한 삶 가운데서 얻게 된 영적 거장의 확신과 통찰력 그리고 지혜가 여러분에게 스며들기 원하신다면, 기도하는 마음으로 이 책을 읽으십시오. 무엇보다 묵상하는 마음으로 여유를 갖고 읽으셔야 합니다.

분주하고 여유가 없는 현대 사회는 우리에게 묵상할 시간을 주지 않습니다. 순식간에 읽어 내려가는 신문이나 잡지와 달리, 단순히 머리로 읽는 것이 아니라 우리의 전 존재로 접해야 하는 믿음의 서적은 반드시 조용히 마음을 가다듬고, 기대하는 마음으로 읽어야 합니다.

이 책을 읽으면서 마음의 생각을 드러내는 데 집중하기보다는 하나님의 친구였던 페늘롱이 누리던 하나님과의 관계로 들어가기를 추구하면서 읽으시기 바랍니다.

우리는 이 책을 읽음으로써 하나님과의 친밀한 교제 가운데 진정으로 본받아야 할, 위대한 성자의 믿음의 핵심부에 도달하게 될 것입니다. 또한 위대한 하나님의 사람이 가진 하나님과의 특별한 친밀감이 우리에게 전이될 것입니다.

이 번역본은 현대 크리스천 독자들이 저자의 메시지를

잘 이해할 수 있도록 주의를 기울였습니다. '영적 서신서'라는 제목 아래 소중히 인쇄된 이 특별한 서신들은 미드레드 휘트니 스틸만에 의해 번역되었습니다. 지금의 번역본이 탄생되기까지는 몇몇 편집자들의 손을 거쳐야 했습니다. 우리는 많은 크리스천들이 삶에서 승리하고 더욱 영적으로 성장하기를 기도하며 이 서신을 보냅니다.

로버트 E. 휘태커
휘태커 하우스 원장

01

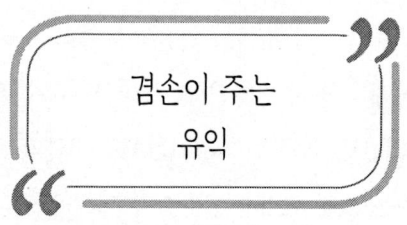
겸손이 주는
유익

하나님께서 당신을 그분께 완전히 예속된 상태로 두시기를 기도합니다. 그리고 그분께서는 당신이 지속적으로 겸손하게 순종하는 마음을 지킬 때, 반드시 당신에게 그리하실 것입니다. 겸손은 어떤 상황 속에서도 좋은 것입니다. 왜냐하면 겸손은 모든 것을 낮게 만들어 당신의 영혼이 가르침을 받을 수 있는 상태가 되도록 하기 때문입니다.

하나님께서는 당신에게 어린아이처럼 겸손하게 됨으로 인해 누리는 유익에 대해 많은 부분을 가르쳐 주셨습니다. 그러므로 다른 누구보다 이러한 겸손의 유익을 가르침 받은 당신이 하나님께 저항하면, 배우지 않은 이들보다 하나님 앞에 더욱 범죄하는 것이 됩니다. 반면 이러한 가르침을 받지 못한 이들은 자신을 수치 가운데 놓으며, 자신을 상하게 하는 상황에 노출되기 쉽습니다. 그러나 개인적 연약함을 경험함으로 얻게 되는 유익은 하나님께서 우리가 낮아지고 순종하길 원하신다는 것을 깨닫게 되는 데 있습니다. 겸손의 왕으로 오신 주님께서 당신과 함께하시길 기도합니다.

02

> **평안하게
> 고통을 이겨내는 방법**

하나님께서 우리의 친구에게 주님께 대한 단순한 신뢰를 주시기를 기도합니다. 주님께 대한 신뢰는 우리가 평안 안에 거할 수 있는 열쇠입니다. 모든 불필요한 걱정들과 우리로 안식하지 못하게 하는 생각들(즉 자기중심적이고 사랑에서 비롯되지 않은 산만한 생각들)을 내어 쫓을 때, 우리는 높고 가파른 길을 걷는 상황 한가운데서도 평평한 초장 위를 걷는 것과 같은 쉼을 누릴 수 있습니다. 그리고 하나님과 사람들과의 아름다운 교제를 잃어버리지 않으면서 하나님의 자녀의 특권인 자유와 평안 안에서 걷고 있는 자신을 발견하게 될 것입니다.

저 자신도 이와 같은 방법으로 평안을 찾아야 한다고 확신하기에 제가 다른 이들에게 조언하는 방법을 기꺼이 사용하고자 합니다. 비록 지금도 저의 영혼은 고통당하고 있지만, 제가 아는 것은 우리가 고통을 느끼는 것은 자아가 살아 있다는 증거라는 것입니다. 죽은 것은 고통을 느끼지 않습니다. 만약 우리가 정말로 죽고 우리의 생명이 하나님 안에서 그리스도와 함께 감추어진다면(골 3:3), 지금 우리 영이 느끼는 고통들과 더 이상 싸우지 않아도 됩니다. 그러므로 우리의 잘못으로 인한 것이 아니라고 할지라도, 침착하게 모든 고통을 이겨내는 법을 배워야 합니다.

우리가 주의해야 할 것은 바로 우리의 잘못으로 인한 영혼의 불안정입니다. 심하게 동요하며 저항하고 고통 받기를 싫어함으로 우리는 어느새 하나님께서 주신 십자가에 또 다른 고통을 더합니다. 이것은 우리 자신이 여전히 살아 있다는 명백한 증거입니다.

하나님께로부터 오는 십자가는 염려하지 말고 그대로 받아들여야 합니다. 고통스럽더라도 이와 같이 자신의 십자가를 받아들일 때, 당신은 평안하게 자신의 십자가를 질 수 있다는 것을 알게 될 것입니다. 그러나 마지못해 십자가를 받아들인다면, 그것은 당신에게 두 배나 더한 혹독한 고통이 될 것입니다.

십자가 안에서 저항하는 것은 십자가 자체보다도 더 견디기 힘듭니다! 하지만 당신이 하나님의 손을 인식하고 그분의 뜻에 저항하지 않는다면, 고통 한가운데서도 평안할 수 있을 것입니다. 이렇게 순전한 평안과 하나님의 뜻에 온전히 순복함으로 고통을 이기는 이들은 진정으로 행복한 사람들입니다! 하나님의 손 아래에서 저항하지 않는 것만큼 고통을 줄이고 완화시킬 수 있는 법은 없습니다.

그렇지만 우리는 우리에게 유리한 조건으로 하나님과 타협하기를 원합니다. 하나님께 몇 가지 최소 한계점을 제안하면서 고통의 끝을 빨리 보고 싶어 합니다. 우리가 이러한 자세를 취하는 것이 얼마나 하나님의 목적을 훼방하는 것인지 모릅니다. 고집스러울 정도로 삶에 매달리는 것은 십자가가 항상 필요해지는 상황을 만들게 되지만, 동시에 십자가를 피해 보려는 자세 때문에 십자가를 정말로 알지는 못합니다. 그렇기 때문에 우리는 끊임없이 같은 과정을 다람쥐 쳇바퀴 돌듯 반복하게 되는 것입니다. 그로 인해 우리가 엄청난 고통을 맛보게 된다 하더라도 참된 목적에는 거의 미치지 못합니다.

부디 주님께서 주신 십자가가 우리에게 아무런 유익도 주지 못하는 그러한 상태에 머물러 계시지 않기를 간절히 바랍니다. 고린도후서 9장 7절에서 사도 바울이 말한 것처럼 하

하나님께서는 즐거이 드리는 자를 사랑하십니다. 그렇습니다! 진실로 하나님의 사랑은 자신을 즐거이 온전하게 부인하고, 그리스도와 함께 스스로를 못 박도록 완전하게 내어드리는 이들을 향하십니다!

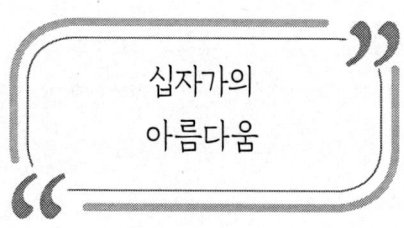

십자가의 아름다움

 고통으로부터 흘러나오는 능력은 놀랍습니다. 십자가라는 고통이 없다면, 우리에게는 능력이 없을 것입니다.

 물론 심한 고통 가운데 있을 때에는 고통으로 인한 유익한 열매를 기대한다는 격려의 말이 힘을 잃곤 합니다. 그러나 모든 고통이 지난 후에는 뒤를 돌아보며 깊은 감사를 하게 되기도 하고, 또한 고통의 기간 동안 얼마나 쓴 마음을 가지고 견디려 했는지에 대해 반성하게 됩니다.

 저는 저의 어리석음으로 굉장히 많은 것을 배우게 됩니다. 그래서 당신의 친구가 겪고 있는 고통과 상관없이 하나님의 능하신 손 아래에서 축복을 받고 있다는 것을 기억하시길 바랍니다. 만약 그녀가 죽어도 주님께 가게 될 것이며, 살아도 주님을 위해 살게 될 것이니 말입니다.

하나님의 왕국은 갈보리에서 시작되었습니다. 그렇기에 십자가가 필요했던 것입니다. 우리가 예수님의 십자가를 그분을 향한 사랑으로 지고 나아갈 때, 그분의 왕국이 우리 안에서 시작되는 것입니다. 또한 그분의 뜻에 따라 십자가를 지는 것에 만족할 줄 알아야 합니다. 저에게 이런 십자가가 필요하듯, 당신에게도 십자가가 필요합니다.

모든 상황 가운데 기억해야 할 것은, 하나님께서 그분의 가장 좋은 선물들을 우리 모두에게 나누어 주시는 신실한 아버지라는 것입니다. 주님께서 주시는 모든 십자가는 우리에게 참으로 이로운 것입니다! 내 영혼아, 선하신 주님의 이름을 찬송할지어다!

04

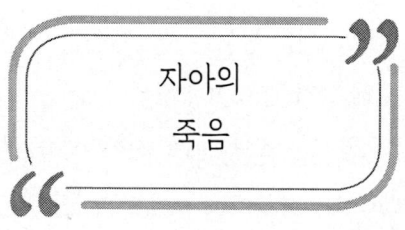
자아의
죽음

저는 당신이 겪고 있는 고통의 시간을 같이하고 있습니다. 바로 당신 곁에서 같은 고통을 느끼고 있지만, 여전히 저를 기쁘게 하는 것은 하나님께서 당신을 사랑하신다는 것을 제가 알고 있다는 것입니다.

하나님께서 당신을 사랑하신다는 증거는 당신에게 자비를 베푸시기 위해 예수 그리스도의 십자가를 주신 것입니다. 어떠한 영적인 지식이고 느낌이 드는지와 상관없이 자아가 끊임없이 죽는 것과 실제로 죽는 상태로 이끄는 것이 아니라면, 그 모든 것은 우리를 현혹하는 것일 뿐입니다. 그리고 고통 없이는 자아가 죽지 않는다는 것은 사실입니다. 우리의 자아가 어느 부분에서 조금이라도 살아 있다면, 완전히 죽었다고 할 수 없습니다.

이러한 자아의 죽음은 (실은 우리에게 엄청난 축복이라는 것이 많이 가려져 있긴 하지만) 부인할 수 없을 정도로 고통스럽습니다. 그것은 마치 칼로 우리의 모든 부분에서 진정으로 우리가 누구인지를 폭로하는 모든 내면의 생각과 욕망들을 신속하고도 깊게 도려내는 것과 같습니다.

위대한 의사이신 하나님께서는 우리가 보지 못하는 것을 보시며, 정확하게 어느 곳에 칼을 대야 할지를 알고 계십니다. 바로 그분은 우리가 가장 포기하기를 꺼려하는 부분을 도려내십니다. 그러니 얼마나 고통스럽겠습니까! 그러나 우리는 도려내지는 그 부분이 아픈 것은 우리가 여전히 살아 있기 때문이라는 것을 기억하고, 그렇기에 그 부분에 죽음이 필요함을 알아야 합니다.

우리의 아버지께서는 이미 죽은 부분을 또 도려내시는 한가하신 분이 아닙니다. 이런 말을 하는 저를 오해하지 마십시오. 그분께서는 당신이 풍성한 삶을 살기 원하십니다. 풍성한 삶은 고집스럽게 살아 있으려고 하는 육적인 부분을 잘 수술하실 수 있도록 그분께 허락해 드릴 때 시작되는 것입니다. 물론 당신의 일부는 이미 십자가에서 죽었습니다.

하나님께서는 아직 살아 있는 당신의 부분들을 다루십니다. 당신의 한계를 넘는 온갖 시련 가운데서 당신의 믿음을 시험하실 수도 있습니다. 이때 저항해야 할까요? 당연히 아닙니다! 당신은 모든 부분에서 다가올 수 있는 고통이란 영역을 다스리는 법을 배워야 합니다. 자아의 죽음은 자발적이어야 하며, 당신이 허락하는 만큼 자아의 죽음은 완성될 것입니다. 자아의 죽음에 저항하고 성장하기를 거절하는 사람은 죽고자 하는 의지가 없음을 보여 주는 것입니다.

때론 하나님께서 당신이 의지하고 있고 있는 영적 조언자나 친구들을 데려가시기도 합니다. 바로 그때 당신이 하나님의 뜻 앞에서 순복할 수 있기를 기도합니다.

항상 도움을 받고 의지하던 사람들을 내려놓으면, 하나님께서 우리가 의지하던 사람들이 주던 도움을 주시지 않을까 봐 두려운가요? 하나님께서는 왜 하필 오직 그분의 도움 외에는 사람의 도움을 금하시고, 고통스런 교훈을 통해 정결케 하시려는 것일까요? 이러한 상황 가운데서 당신이 답답해하고 있다는 것을 압니다. 하지만 저는 확신합니다. 하나님께서 모든 사람이 의지하는 원천을 끊으시고, 당신 안에서 그분의 일을 성취하기 원하신다는 것을 말입니다.

이것은 하나님께서 자신이 행하신 일들에 대해 당신이

다른 이에게 영광을 돌리길 원치 않으시는 질투하시는 분이기 때문입니다. 하나님께서는 당신 안에 행하시려는 일들을 그 누구도 아닌 하나님 자신이 행하시고 마치셨다는 것을 당신이 이해하길 원하십니다. 그리하여 당신이 온전히 그분을 신뢰함으로 그분의 선한 계획 가운데로 들어오길 원하십니다.

하나님께서 당신을 이끌기 원하시는 곳이 어디든, 그분께 자신을 내어드리십시오. 하나님께서 길을 막으실 때, 사람으로부터 도움을 구하지 않도록 주의하십시오. 당신 주변의 사람들도 하나님께 받은 것만을 당신에게 줄 수 있을 뿐입니다. 우리는 왜 생명의 강물을 얻을 수 있는 때에도 이미 말라 버린 시냇물을 걱정할까요?

05

> 평안은 단순함과 순종을
> 통해 옵니다

평안을 누리는 법을 배우십시오. 야망으로 가득 찬 생각들에 귀머거리가 됨으로 우리는 평안을 누릴 수 있습니다. 혹시 지금 건강을 해칠 뿐만 아니라 영혼의 메마름을 가져오는 노력에 치우쳐 있지는 않습니까? 내적으로 일어나는 싸움들에 지나치게 집중하는 것은 자신을 소모시키는 일입니다. 목적도 없이 말입니다! 당신의 평안과 달콤한 내적 안식은 쉼이 없는 마음으로 인해 파괴될 수 있습니다.

이러한 영적 혼란은 끝이 없는 생각들이 바쁘게 돌아다니도록 허락했기 때문에 가능한 것입니다. 과연 이러한 마음에 하나님께서 영혼을 녹이는 부드럽고 감미로운 목소리로 말씀하실 수 있다고 생각하십니까? 그분 앞에서 잠잠하십시오. 그러면 곧 하나님께서 세미한 음성으로 말씀하시는 것이 들릴 것입니다.

당신이 신경 써야 할 것은 딱 한 가지입니다. 그것은 지속적으로 그분께 순종하는 것입니다. 당신은 살면서 하나님께 안식과 평안을 구해 본 적이 있을 것입니다. 그러나 당신의 갈급함에 하나님께서 생수의 근원으로 인도하셨을지라도, 당신이 마시기를 거부하는 상황이 더 많았을 것입니다.

안식과 평안은 단순한 순종이라는 길을 통과하지 않으면 갈 수 없습니다. 그러니 이해할 수 없을 때라도 순종하고 믿으십시오. 그러면 하나님께서 약속하신 생명의 강물이 흐르는 곳을 곧 발견하게 될 것입니다. 당신이 얼마만큼 믿느냐에 따라 받게 될 것입니다. 많이 믿으면 많이 받게 될 것이고, 믿지 않고 계속해서 안식이 없는 생각들에 귀를 기울인다면 아무것도 받지 못할 것입니다.

하나님을 정말 사랑하는 사람이 있다고 해 봅시다. 만약 그가 하나님을 사랑한다고 하면서 그분께 집중하기보다 하찮고 쓸데없는 일에만 집중한다면, 정말 그가 하나님을 사랑한다는 것을 어떻게 다른 사람에게 증명할 수 있겠습니까?

하나님 앞에서는 이러한 사소한 것들이 문제가 되지 않는다는 것을 인식하십시오. 하나님께서는 사소한 문제들과 고민들을 뒤로한 채, 하나님 앞에 순결함과 단순함으로 나아가는 것을 기뻐하십니다.

사탄은 사소한 것으로 우리를 고통스럽게 합니다. 사탄은 종종 광명의 천사로 가장하여 결코 평안을 허락하지 않으며, 끊임없이 우리를 시험하고 지나치게 예민하게 함으로 괴롭힙니다. 저는 사탄이 주로 이런 식으로 우리에게 영적 위기와 문제를 겪게 한다고 확신합니다. 하지만 당신은 승리할 수 있습니다. 그 승리의 비결은 바로 사탄이 처음 이러한 시도를 할 때, 당신이 어떻게 저항하느냐에 달려 있습니다. 사탄이 당신의 마음에 악한 생각들을 속삭이는 바로 그때 마음에서 일어나는 욕망들에 대해 하나님 앞에서 정직하고 단순해질 수 있다면, 하나님을 기쁘시게 하기 위해 순교하겠다는 생각과는 비교할 수 없을 정도로 기뻐하실 것입니다.

우리는 너무나 자주 하나님께 인정받기 위해 무언가를 해야 한다고 생각합니다. 그러나 하나님께서 원하시는 것은 희생이 아닌 기쁨의 제사입니다. 그분을 사랑함으로 모든 것을 하는 마음의 중심을 기뻐하십니다. 우리를 진정으로 사랑하시는 분 앞에서 잘 보이려고 노력하는 것이 아니라 더욱 사랑받기 위해 있는 모습 그대로 그분께 나아가는 것입니다.

06

> 진정한 평안의 원천은
> 의지를 내려놓는 데 있습니다

지속적으로 평안 가운데 거하십시오. 하지만 평안이 당신의 열정적인 헌신에 달려 있는 것은 아니라는 것을 기억하십시오. 오직 신경 써야 할 한 가지는 당신의 의지가 어디를 향해 있는가 하는 것입니다. 조건 없이 당신의 의지를 하나님께 드리십시오.

중요한 것은 당신이 얼마나 종교적인지, 헌신적인지가 아닙니다. 당신의 의지가 하나님과 조화를 이루고 있는가입니다. 하나님께서 어떻게 생각하시는지와 상관없이 겸손히 이전의 삶의 방식에서 돌이키십시오. 세상에 대해 죽고 철저히 하나님께 자신을 맡기는 법을 배우십시오. 자신보다 하나님을 더 사랑하십시오. 당신의 삶보다 하나님의 영광을 더 사모하십시오.

우리가 그저 그분의 사랑을 구하고 사모할 때, 하나님께서는 그분의 자녀들만이 느낄 수 있는 특별한 사랑을 부어 주시고, 그분의 평안을 주십니다.

> 진정한 선함은
> 자아의 죽음에서 시작됩니다

하나님의 영원한 사랑을 신뢰하고 있다면, 나쁜 상황은 좋게 변할 것입니다. 반면에 우리가 자신을 사랑하고 자아에 집착하기 시작한다면, 좋은 상황은 나쁘게 변할 수 있습니다.

세상으로부터 분리되어 하나님께 철저히 순복할 때까지 우리 안에도, 주변에도, 그 어떤 것도 진정으로 선한 것은 없습니다. 그러므로 최악의 오늘을 살고 있더라도, 망설이지 말고 담대히 자신을 그분의 손에 맡겨 드리십시오.

당신이 예상하는 것보다 더 위대한 내일이 펼쳐질 거라 확신합니다. 하지만 최악의 오늘에서 세상에 미련을 갖는 것이 헛되다는 것을 이미 배웠다면, 더더욱 좋습니다.

이 세상이 옹호하는 자아를 사랑하는 것은 그 어떤 감옥보다 백 배, 천 배는 위험합니다. 이렇게 자기 안에 갇혀 더 큰 하나님의 역사를 보지 못하고 있는 당신이 위대한 내일로 이끌어 줄 하나님의 세계를 볼 수 있기를 진심으로 기도합니다.

08

> 넘치는 지식으로 자만하기보다
> 자비를 품으십시오

당신의 편지를 받게 되어 매우 기쁘게 생각합니다. 더불어 당신이 영적으로 겪고 있는 모든 일을 숨김없이 나누어 주신 것에 대해 감사하게 생각합니다. 하나님께서 편지를 쓰게 하신다는 생각이 들 때는 언제나 망설이지 마시고 저에게 편지를 주십시오.

당신이 고백한 대로 영적으로 성장하는 것에 대한 욕심과 유명하고 저명한 크리스천과 교제하길 원한다는 것이 저에게는 놀라운 일은 아닙니다. 종교적인 사람이 되어 가면서 주위로부터 얻게 되는 찬사와 존경은 자아를 우쭐하게 만들기가 아주 쉽습니다. 그러면 더욱 자아를 만족시킬 만한 것을 찾으려 하겠지요.

이러한 상황에서 제가 해줄 수 있는 조언은 당신의 동기가 중요하다는 것입니다. 우리는 생각보다 자아를 만족시키기 위한 동기로 유명한 크리스천과 교제하려 하거나 칭송받는 크리스천의 삶을 추구하기가 쉽습니다. 자아를 만족시키기 위해 시작된 모든 동기는 결코 생명을 살리는 크리스천의 삶으로 인도하지 못합니다. 다만 자신을 만족시키기에 급급한 삶으로 이끌 뿐입니다. 우리의 목표는 사람 앞에서 칭송받는 것이 아니라 마음을 겸손케 하는 것입니다. 우리의 목표는 나를 세우는 것이 아니라 하나님을 영광스럽게 하는 것입니다.

하나님께 영광을 돌리는 것은 영적 성장에 대한 설교를 완벽하게 할 수 있는 언어적 재능을 갖게 됨으로 할 수 있는 것이 아닙니다. 진정으로 영광을 돌리는 것은 최고의 목표가 우리 자신의 목소리에는 귀가 멀고, 오직 하나님의 조용하고 세미한 음성에 귀를 기울이며, 우리의 모든 자랑을 포기하고, 그분의 영원한 사랑에 우리 자신을 맡기는 것입니다. 하나님께 귀를 바치십시오. 남들이 나를 어떻게 보는지 상관하지 말고, 그분께 집중하고 그분께 청종하십시오. 우리의 귀를 하나님께 바칠 때, 하나님께서는 경험 많은 크리스천보다 더 많은 것들을 우리에게 가르쳐 주실 것입니다.

하나님께서는 이 세상에서 정말 유명하고 권위 있는 학자보다 우리를 더 잘 가르치십니다. 지식을 좇는 당신의 열정이 과연 어떤 동기로 시작되었는지 면밀히 검토해 보십시오. 우리에게 필요한 것은 예수 그리스도와 그분이 십자가에 못 박히신 것 외에는 아무것도 알지 않기로 작정하는 것입니다. 박학다식해지는 것이 우리를 중요한 사람인 것처럼 느끼게 해줄 수 있는지는 모르겠지만, 진정으로 그리스도인의 인격을 강하게 해주는 것은 사랑입니다. 그러니 사랑 외에 그 어떤 것으로도 만족하지 마십시오.

자아를 마음의 보좌에서 내려오게 하고 그 자리에 하나님을 사랑하는 것을 올려놓는 것이 오직 지식을 쌓음으로 가능하다고 생각하지는 않을 것입니다. 당신은 이미 충분한 지식을 가지고 있습니다. 지식을 더 쌓으려 노력하는 것보다 당신이 이미 알고 있는 지식을 실천해 보는 편이 더 나을 것입니다.

우리가 가진 한정적인 지식으로 하나님의 은혜를 판단하는 오류에 빠지지 않도록 주의하십시오. 그분은 세상의 지식과 사람의 지혜를 뛰어넘는 분이십니다. 우리는 그분 앞에서 겸손해야 하며, 지식을 통해서나 사람에게서 기대하는 것이 아닌 예수 그리스도로 나타난 하나님의 사랑을 통해 그분의 은혜를 바라보아야 합니다.

09

> 축복이 당연히 주어져야
> 한다는 식의 사고방식을
> 선택하지 마십시오

    하나님께서 은혜로 주시는 사랑을 당연하게 여기는 자기애(Self-love)는 하나님의 뜻을 이루어 나가는 데 많은 문제를 일으킨다는 것을 당신도 알고 있거나 경험해 보았을 것입니다. 그러므로 당신은 하나님께서 당신에게 자비를 베푸시기 위해 당신을 통해 일하시는 가운데 자아의 이기적인 욕심과 자만심이 일어나게 내버려 둘 것인가 결단해야 합니다.

    당신은 성령님께서 주실 수도 있는 갑자기 떠오르는 생각들을 받아들이는 데에는 굉장히 조심하면서, 생각할 필요조차도 없는 많은 것들을 일부러 끄집어내어 걱정합니다. 그러면서 왜 성령님을 계속적으로 거스르는 것에 대해서는 주의하지 않는 건가요? 혹시 하나님이 당신의 자아를 만족시키는 방법으로 일하시지 않아서 계속적으로 저항하는 것입니까?

거지가 구걸하여 빵을 얻듯이, 당신이 은혜로 은사를 받는다 하더라도 무슨 상관입니까? 하나님께서는 그분 앞에서 겸손한 자를 사랑하시며, 이런 자들을 돕기 위해 사람들 보내기를 기뻐하십니다. 하나님 앞에서 겸손히 그분 없이는 아무것도 할 수 없다고 고백하는 것이 진정으로 자신을 내려놓는 것 아니겠습니까?

하나님께서는 이러한 우리를 겸손케 하셔서 우리 자신을 의지하지 않고, 그분을 의지하게 하십니다. 그리고 우리 안에 자리잡고 있는 자아의 생명이 죽음에 이르도록 도우십니다. 그리고 온전히 성령에 사로잡히도록 돕고 싶어 하십니다. 만약 자아를 무너뜨리고 성령에 사로잡히는 것을 목적으로 하지 않는 것이라면, 당신은 왜 그토록 많은 신앙서적과 잦은 예배를 드리는 것입니까?

당신의 입맛에 맞지 않는다고 하나님께서 주시는 은사를 거절하는 것은 자아의 자만심 때문입니다. 아마 당신이 읽었던 많은 신앙서적도 자아의 자만심에 대해 경고했을 것입니다.

　당신이 이와 같은 태도를 가지고 있을 때, 어떻게 기도해야 하는지를 가르쳐 드리는 것은 저에게도 쉽지 않습니다. 당신의 영혼 깊숙이 하나님께서 말씀하시는 것은 무엇입니까? 하나님께서는 오직 자아의 죽음을 요구하시고, 당신은 자아가 죽는 것을 거부하고 있습니다. 당신은 자아가 어떠한 피해도 입지 않아야 한다는 제한을 두면서 하나님께 은혜만을 요구하고 있습니다. 참으로 하나님께서 당신이 가진 자아의 자만심을 만족시키시는 은혜를 공급해 주시길 기대하십니까?

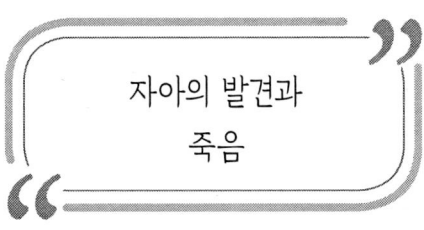

자아의 발견과 죽음

 그렇습니다. 저는 당신이 저를 영적 아버지라고 불러 주는 것이 매우 행복합니다. 왜냐하면 저는 정말 당신의 영적 아버지이며, 앞으로도 그럴 것이기 때문입니다. 제가 당신의 친아버지처럼 당신을 아끼고 사랑한다는 사실을 좀 더 확신할 필요가 있습니다. 이기적인 사랑이라는 억압에서 마음이 자유하게 될 때, 이러한 확신을 가질 수 있을 것입니다. 그리고 당신의 마음이 이기적인 사랑의 속박으로부터 자유케 되기를 원할 때, 이러한 확신이 생길 것입니다.

 우리가 자아에 둘러싸여 있을 때, 사실은 사방이 막힌 감옥 같은 곳에 있는 것과 마찬가지입니다. 자아의 감옥에서 빠져나와 하나님의 무한하신 사랑 안으로 들어가 그분의 자녀가 될 때, 비로소 우리는 진짜 자유인이 됩니다.

당신은 자아가 그 어떤 수단에 설득되거나 강요되어서는 안 된다고 여기고 있습니다. 당신에게 자아는 담대함이 나오는 비밀장소이거나 항상 지식 안에서 모든 것을 이해할 수 있는, 누구도 침범할 수 없는 은신처 같은 곳이었을 것입니다. 또한 다른 사람들을 위해 항상 자신을 희생하는 것처럼 겉치레적 관대함으로 포장하고 있을 것입니다.

자아는 당신이 관대한 사람이라고 생각하면서 크리스천으로서 할 일을 하고 있다고 속삭이며 당신의 눈을 가릴 수 있습니다. 하지만 지금 하나님께서는 질투의 콧김을 내뿜으시며 당신에게 하나님께서 이미 이루어 놓으신 열린 길로 나오라고 하십니다.

오, 이런 자아를 아직도 잡고 있는 약함이 드러날 때, 얼마나 부끄럽고 고통스러운지요! 그러나 자기애가 빛 가운데 드러나지 않으면, 오히려 언제 드러날지에 대한 두려움 때문에 자유하기가 어렵습니다. 우리의 가슴 가장 깊숙한 곳에 최소한의 자기애 증상이 잠복해 있는 한, 하나님께서는 절대 포기하지 않으십니다. 그분은 한없이 자비로운 바람으로 자아를 뒤쫓으시며, 그것이 드러나게 하십니다. 우리는 그 후에 비로소 우리에게 있던 문제를 바라보던 관점 자체를 치유받게 됩니다.

자기애가 빛 가운데 드러날 때, 그것이 불완전하고 절망적이며 수치스러운 것이라는 것을 맑은 시야로, 있는 그대로 볼 수 있게 됩니다. 바로 그 순간, 당신은 이기적이던 자아중심적인 삶에서 빠져나와 그것이 자만하며 허풍을 떠는 삶과 같다는 것을 발견하게 됩니다. 그리고 하나님은 지금까지 당신이 섬기던 자아라는 우상을 눈앞에 놓으시며, 그 사실을 대면하게 하십니다. 지금까지 하나님을 섬기던 것이 아니라 자아를 만족시키기 위해 살아왔다는 사실을 말이지요.

지금까지의 삶이 자아중심적인 가면을 쓰고 살았다는 것을 느끼는 순간은, 무척이나 고통스럽습니다. 그리고 다른 이들을 위해 희생했다고 믿었던 그 모든 자부심으로 스스로 위대하게 보던 것이 어느새 부끄럽게 느껴지고 맙니다.

자아 자체는 매우 어리석으며, 무례하고, 뻔뻔하며, 얼굴에 두려운 표정을 짓게 만드는 힘이 있습니다. 욥은 "내가 두려워하는 그것이 내게 임하고 내가 무서워하는 그것이 내 몸에 미쳤구나"(욥 3:25)라고 했습니다. 왜냐하면 그것은 파괴되는 것을 가장 두려워하기 때문입니다.

하나님께서는 우리에게 꼭 필요한 자아의 죽음을 요청

하시는 것이지, 다른 부분을 없애기 원하시는 것은 아닙니다. 그러므로 다른 것은 아무것도 문제가 되지 않습니다. 그러니 제가 왜 당신이 약한 것을 즐거워하는지 아실 것입니다.

자아가 죽기 위해 당신이 해야 할 일은 진짜 자아가 어떻게 생겼는지 조용히 지켜보는 것입니다. 자아라는 감옥 안에서 당신이 얼마나 좁은 공간에 갇혀 모든 일에 상처 받았다는 식으로 예민하게 반응하며 자신을 피해자로 인식하며 살아왔는지, 그리고 그러한 삶 가운데 당신이 항상 느꼈던 패배 의식을 자세히 들여다보십시오. 당신이 이렇게 할 수 있게 되는 순간, 자아는 사라지게 됩니다. 당신은 모든 문제에 대해 치료 받기를 요청했지만, 실은 치료 받을 필요가 없습니다. 당신의 자아가 죽기만 하면 됩니다. 치료 받기를 그만두고 죽음이 오기를 기다리십시오. 이것이 자아를 다룰 수 있는 유일한 길입니다.

자아가 죽는 과정이 너무나 고통스러워서 단순히 내적 치유가 필요하다고 생각하는, 쓴 뿌리에 기초한 결단은 하지 마시기 바랍니다. 이러한 결정은 결국 자아를 죽이는 길로 인도하기보다 위로를 구함으로 더욱 자아의 생명을 연장시킬 뿐입니다. 자기를 사랑함에서 오는 모든 안정감을 거부하고 병을 숨기지 마십시오. 단순함과 거룩함으로 모든 것을 들춰

내고, 자아가 죽는 것을 허락하십시오.

하지만 자아의 죽음이 당신의 힘이나 노력으로 되는 것이 아니라는 것을 아십시오. 마침내 자아가 무엇인지 알게 될 때, 연약함이 당신의 유일한 재산이 될 것입니다. 연약함으로부터 오는 걱정을 초월할 수 있다면, 당신의 자아는 더 빨리 그리고 덜 고통스럽게 죽게 될 것입니다. 자아가 죽는다는 것은 반드시 고통이 수반된다는 의미이기도 합니다. 오랫동안 나로 살았던 자아가 죽는다는 것에 대한 동정은 오히려 자아의 삶을 연장시켜 고통을 더 연장하는 것밖에 되지 않습니다. 그러한 고통의 시간을 단축시키기 위해, 자아를 위로하고 치료해 주는 대신 단번에 죽도록 치명적인 부상을 입히는 것이 낫습니다.

그러나 우리가 할 수 있는 것은 없습니다. 다만 하나님의 능하신 손이 우리를 수술하도록 내어드려야 합니다. 그러니 치료나 먹을 것을 구하지 마십시오. 죽음도 구하지 마십시오. 죽음을 구하는 것은 성급한 것입니다. 자아의 생명을 연장하기 위해 또는 고통 때문에 먹을 것을 구하거나 치료를 청하지 마십시오.

그렇다면 과연 도대체 우리가 무엇을 하면 되겠습니까? 제가 말씀드릴 수 있는 것은 아무것도 하지 말라는 것입니다.

그리고 아무것도 구하지 마십시오. 아무것도 붙들지 마십시오. 단순히 모든 것을 고백하십시오. 하지만 이것들도 마음의 안정을 얻기 위한 수단으로 하지 말고, 예수님께 순종하고자 하는 겸손한 의도로 하십시오.

하나님 안에서 제가 당신의 영적 아버지일지라도, 저를 삶의 원천으로 보지는 마십시오. 차라리 저를 당신의 자기애를 죽음에 이르게 하는 도구로 여겨 주십시오. 그러나 수술용 칼도 결국 생명을 살리기 위한 용도로 사용되지 않으면, 그 수술은 성공할 수 없습니다. 수술용 칼은 우리의 삶을 진정으로 살리기 위해 없어져야 하는 종양 같은 부분만 도려내야 합니다. 저는 이런 수술용 칼처럼 당신에게서 자아라는 부분을 도려내고 예수 그리스도의 풍성한 생명이 그 자리를 대신하길 바랍니다.

잠깐 동안이지만, 제가 당신의 자아가 죽음에 이르게 하는 도구로 쓰일 수 있다는 사실에 기뻐하고 있습니다. 이러한 제 모습이 무신경해 보이고, 칼을 들고 당신을 상처 입히려는 사람처럼 비칠지도 모르겠습니다. 하지만 하나님께서는 제가 이런 식으로 보이도록 허락하셨습니다. 그리고 돕고자 하는 마음이나 진심을 보이는 것보다 간혹 냉정하고 무감각해 보이는 모습이 당신에게 더 많은 도움이 될 것입니다. 결국 진정으로 중요한 것은 당신이 어떻게 생명을 유지하고 살아남느냐가 아니라 어떻게 포기하고 죽느냐는 것입니다.

> 우리의 불완전함으로 인해
> 평안을 빼앗기지 않도록
> 주의하십시오

어쩌면 당신은 지금 이해하기 힘든 고통 가운데 있을지도 모르겠습니다. 아무리 당신의 첫 번째 관심이 하나님의 영광 안에 사는 것이라고 주장하여도, 당신 안에서 꿈틀대는 옛 자아는 이러한 당신의 관심을 다른 곳으로 이끌어 가려고 합니다. 이러한 문제의 원인은 당신의 삶을 통해 하나님께서 영광 받으시도록 더욱 더 완벽해지려 하기 때문인 것 같습니다. 이러한 노력은 여전히 당신 자신의 어떠함에 관심을 가지고 있기 때문입니다. 이러한 노력 대신 자신의 불완전함을 발견함으로 유익을 얻기 원한다면, 저는 다음의 두 가지를 제안하고 싶습니다.

첫째로 제안할 것은 하나님 앞에서 절대로 자신을 정당화하지 않는 것입니다.
둘째로 제안하고 싶은 것은 당신 자신을 정죄하지 않는 것입니다.

대신에 하나님 앞에서 잠잠히 당신의 불완전함을 내려놓는 것이 어떻겠습니까? 하나님 앞에 잠잠히 있는 그 순간, 하나님의 뜻 가운에 거하길 원한다고 고백하고 평안함 가운데 거하시면 됩니다. 모든 상황에서 그분의 뜻은 평안 가운데 있다는 것을 명심하십시오. 불신자들도 하나님 앞에서 참회한 후 이러한 평안을 경험하기도 합니다. 그리고 참회하며 흘리는 모든 눈물은 평안 가운데 흘리기를 권면합니다. 하나님께서는 시끄러움과 혼란 가운데 말씀하시는 것이 아니라 조용하고 부드러운 목소리로 말씀하신다는 것을 기억하십시오(왕상 19:11-12).

12

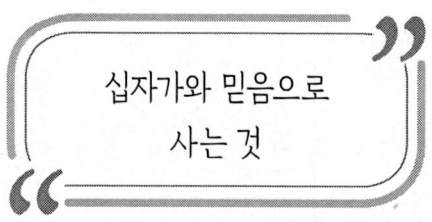
십자가와 믿음으로
사는 것

우리에게는 매일 감당해야 할 십자가가 있습니다. 그러나 저는 이러한 험난한 십자가를 즐기는 법을 배웠습니다. 가장 무거운 십자가가 평안으로 바뀌는 것을 알게 되는 것은 참으로 즐거운 일입니다. 그러나 많은 경우에 우리는 십자가를 지는 것조차 너무 힘들어 끌고 갈 힘도 없음을 발견합니다. 당신이 할 수 있는 최선은 무거운 십자가에 압도당해 지쳐 누워 있는 것일 수도 있습니다.

하나님께서 당신이 겪는 고통 가운데 자비를 베푸시길 기도합니다. 하지만 우리가 고통 가운데 있는 것을 좋아하시기 때문에 하나님께서 이러한 시간을 허락하시는 것이 아님을 아시길 바랍니다. 오직 하나님만이 삶 가운데 그분의 목적을 이루기 위해 이러한 시간이 얼마나 필요한지 알고 계시기 때문입니다.

우리가 해야 할 일은 매일매일 십자가와 믿음으로 사는 것입니다. 또한 그분이 맡기신 시험을 능히 이길 힘을 주실 분이라는 것을 신뢰하며 우리를 향한 그분의 한없는 긍휼을 바라보아야 합니다. 이러한 하나님의 자비가 당장 눈에 보이지 않더라도 우리는 그분이 참되시며, 능히 우리를 건지실 분이라는 사실을 믿어야 합니다. 시험의 강도에 맞춰 넉넉히 이길 힘을 주시는 분이 바로 하나님이십니다. 우리의 자아가 온전히 죽을 때, 우리는 십자가와 믿음 안에서 초자연적인 삶을 살 수 있을 것입니다.

> 스스로의 불완전함에
> 절망하는 것만큼이나
> 커다란 장애물은 없습니다

당신의 결점에 너무 사로잡히지 마십시오. 대신 예수님을 향한 끊임없는 사랑을 키워 가는 데 집중하십시오. 그러면 많이 사랑하였기에 많이 사함 받았다는 것을 알게 될 것입니다(눅 7:47 참고). 그러나 우리는 사랑 자체를 추구하기보다 사랑의 부산물에 불과한 두근거림과 기분 좋은 감정만을 추구하려는 경향을 조심할 필요가 있습니다. 왜냐하면 우리가 이 부분에서 스스로를 속이기 쉽기 때문입니다. 때로는 사랑이라는 감정에 너무 집중한 나머지 중요한 것을 놓쳐 버리기도 합니다.

성 프란치스코 살레시오는 "우리는 사랑하는 분과 있으려 하기보다 사랑 그 자체에 점령당한다"고 하였습니다. 만약 우리의 사랑의 유일한 목적이 예수님이시라면, 우리는 오로지 그분으로 기뻐하게 될 것입니다.

그러나 우리는 그분의 사랑에 끊임없이 확신하는 데 집중하려 하면서도, 여전히 그분의 사랑을 의심하고 있습니다. 평안을 주시는 예수님 안에서 우리의 결점을 바라볼 때, 그분의 광대한 사랑 앞에서 우리를 정죄하게 하던 결점들이 사라지고 맙니다.

그러나 우리의 결점에 집중하면, 예수님께서 우리를 사랑하신다는 사실을 까맣게 잊고 어느새 우리의 영은 곤고해져 버립니다. 이러한 상태는 하나님의 임재가 우리와 함께하는 것을 막는 가장 견고한 벽이 되어, 그분의 사랑이 우리에게 흘러오지 못하게 합니다. 우리의 결점에 수치를 느낌으로 하나님의 사랑을 깨닫는 데서 떨어진다면 이보다 더 큰 실수가 어디에 있겠습니까? 그렇기에 우리는 이러한 실수에 빠지지 않도록 조심해야 합니다.

예전에 어떤 사람이 성인들의 삶에 대한 책을 읽고 자신과 그들의 삶을 비교하다가 너무나 화가 나서 헌신된 기독교인으로 살고자 하는 생각마저 포기하는 모습을 보았습니다. 물론 이것이 당신에게 해당되지 않는다는 것을 알고 있습니다.

그동안 당신의 편지들을 받아 읽으면서 당신이 평안과 자유 속에서 신실하게 살고 있음을 느낄 수 있었다고 말하려던 참이었습니다. 당신이 평안과 자유 안으로 걸어 들어갈수록 하나님께 더욱 가까이 가게 될 것입니다.

> ## 순전한 믿음은
> ## 하나님 한 분만을 바라봅니다

미래에 대해 걱정하지 마십시오. 하나님께서 당신을 사랑하시고 보살피시는데, 걱정한다는 것은 말이 안 되는 것입니다. 하나님께서 당신을 축복하실 때, 그분의 축복에 시선을 빼앗기지 말고 축복의 근원이신 하나님을 바라보시기 바랍니다. 이스라엘 민족이 만나를 즐기던 것처럼 매일 하나님께서 부어 주시는 축복을 누리되, 미래를 위해 그 축복을 저장해 두려고 애쓰지 마십시오.

순전한 믿음에는 특징이 있습니다. 그것은 하나님을 보지 못하게 하는 모든 축복과 온전치 못한 상황에도 하나님을 바라보게 한다는 것입니다. 순전한 믿음은 우리를 상처 입히는 이웃이나 우리 몸을 괴롭게 하는 질병을 바라보게 하지 않습니다. 우리가 눈을 유리컵에 고정시킨다면, 훤히 들여다보이는 상황만이 보일 것입니다. 그렇게 되면 우리는 수천 가지의 결점과 결함들을 묵상함으로 괴로워하게 될 것입니다. 그러나 믿음은 유리컵에 눈을 고정시키지 않고, 그 뒤에 있는 하나님을 발견하게 합니다. 그리고 하나님께서 허락하신 것을 즐거이 누리는 것이 바로 순전한 믿음입니다.

믿음은 미래에 무슨 일이 있을지 조금도 확신할 수 없고 안전한 곳에서 발이 닿지 않는 막연한 곳으로 끊임없이 우리를 이끄는 것처럼 보입니다. 그러나 믿음은 우리가 하나님께 속해 있기에 그 순간에 우리를 통해 이루기 원하시는 것을 신뢰하며, 그분께서 가장 완벽한 섭리로 일하시도록 맡겨 드리는 것입니다. 매 순간 그분을 의존하게 되면, 앞을 알 수 없는 상황에도 평안이 마음의 혼돈을 사로잡아 더 이상 요동하지 않는 상태로 이끌어 줍니다. 이것이 하나님께서 우리의 자아를 천천히 죽음으로 이끄시는 방법입니다.

때로는 자아가 죽고 있다는 것을 인지하지 못할 정도로 고통 받고 있는 상황임에도 고통을 느끼지 못할 수도 있습니다. 때로는 이러한 믿음의 삶에서 하나님께서 그분이 주신 축복을 가져가실 수도 있습니다. 그러나 기억하십시오. 그분은 언제 어떻게 그 축복들을 돌려주실지 알고 계십니다. 하나님은 심지어 돌들 가운데서 그분의 자녀들을 일으키실 수 있는 분입니다. 그러니 미래에 대한 모든 두려움을 내려놓고 매일의 양식을 즐기십시오.

내일 일어날 일에 대한 걱정은 내일의 일입니다. 오늘 당신을 먹이신 하나님께서는 내일도 동일하게 행하실 분입니다. 하나님께서는 그분의 자녀들에게 좋은 것이 떨어지기 전에 사막 한가운데서도 하늘의 만나를 내려주는 신실하신 아버지입니다.

15

> 우리의 지식이 오히려
> 우리가 지혜로워지는 것을
> 방해합니다

    친애하는 자매님, 미래에 대한 근심 없이 평안 가운데 거하십시오. 오직 하나님만이 당신의 미래에 대해 알고 계십니다. 어쩌면 그것은 당신이 말하는 그런 미래는 아닐지 모릅니다. 기독교인은 시간을 구속하신 하나님의 계획 안에서 오늘 하루를 살아야 합니다. 선한 일을 계속 하십시오. 선한 일을 하는 것을 원한다면, 그러한 일들이 이루어질 것입니다. 그러나 한 번에 너무 많은 일을 하려는 욕심은 경계하십시오.

    모든 일에서 현재에 충실하며 한 번에 한 가지 일을 끝낸다면, 당신은 필요한 은혜를 얻을 수 있을 것입니다. 당신이 단지 세상과 분리되는 것으로는 충분하지 않다는 것을 이해하실 것입니다. 왜냐하면 우리는 세상과 분리되었고, 이것에 대해 자랑스럽게 생각하고 있기 때문입니다. 우리는 자랑스러워하는 수준에서 벗어나 좀 더 겸손해지는 것에 집중할 필요가 있습니다. 그리고 저는 당신이 이 두 가지 사이에 어떠한 명확한 차이가 있는지 알기 원합니다. 분리됨은 세상에 속한 것을 포기한다는 의미로 볼 수 있습니다. 그러나 겸손으로 무장한다는 것은 우리의 내면을 다룬다는 의미가 있습니다. 자만으로 인한 모든 그림자는 우리에게서 없어져야 합니다.

지혜와 도덕성을 가졌다는 자부심은 그것을 가져도 괜찮다고 느껴지기에 참으로 우리에게 위험한 것입니다. 모든 상황 가운데 가장 겸손한 자리를 택하십시오. 우리가 가진 미덕과 장점을 뽐내려고 해서는 안 됩니다. 제가 이런 말을 하는 것은 당신이 자신을 신뢰하거나 자신의 높은 도덕성을 너무 의지하지 않기를 바라기 때문입니다.

당신이 보아야 할 것은 이 모든 것이 당신의 것이 아니라는 것입니다. 이 모든 것은 하나님께 속해 있습니다. 우리는 오히려 어린아이에게서 그 교훈을 배울 수 있습니다. 어린아이는 아무것도 소유하고 있지 않습니다. 어린아이에게 다이 아몬드와 사과는 다를 게 없습니다.

어린아이가 되십시오. 아무것도 소유하려고 하지 마십시오(모든 것은 하나님께 속해 있습니다). 자신에 대해서는 잊어버리십시오. 모든 상황 가운데 나누십시오. 그리고 가장 작은 자가 당신보다 큰 자가 될 수 있도록 자리를 내어주십시오.

기도할 때, 진심에서 우러나오는 단순하지만 사랑스러운 기도가 되도록 하십시오. 이러한 기도가 화려하고 미려한 머리에서 나온 기도보다 훨씬 낫습니다. 이러한 기도는 결핍의 시간들을 통해 또는 하나님 앞에서 영혼의 깊은 침묵 가운데 묵상하면서 배우게 됩니다. 그럴 때, 당신의 이기적인 자아가 벗겨지고, 남들이 알아주지 않아도 만족하는 겸손과 약함 가운데서도 순복하는 것을 사랑하게 됩니다. 이러한 덕목들은 속임이 많은 이 세상 가운데서 모든 진리의 스승들이 성취한 것들입니다. 인간적 지식은 우리가 진정으로 지혜로워지는 것을 가로막을 뿐입니다.

> 하나님 아버지는 우리를 상하게 한
> 사람들도 언제나 환영하시며
> 그분의 품에 품고 사랑하십니다

저는 당신이 겪고 있는 고통에 충분히 공감합니다. 제가 할 수 있는 최선은 하나님께서 당신을 위로해 주시길 바라며 기도하는 것입니다. 저는 성령의 강한 능력으로 당신이 이러한 고난의 시간을 잘 견뎌 내도록 그리고 인간적인 방법으로 해결하려는 욕구를 잘 참아 내기를 간구합니다. 당신이 보내 준 가정 배경에 대한 편지를 읽으면서, 이 문제는 하나님께 맡겨야 한다는 생각이 들었습니다. 그리고 당신을 상처 입히려는 사람들에게도 하나님께서 자비를 베푸시길 기도하면 좋겠습니다. 저는 항상 이 부분에서 당신이 민감하게 반응한다는 것을 예전부터 느끼고 있었습니다.

그러나 하나님이 우리의 자아를 다루실 때, 가장 약한 부분을 만지길 원하신다는 것을 기억하십시오. 만약 어떤 사람을 죽이고자 한다면, 그 사람의 머리카락이나 손가락을 노리지 않을 것입니다. 가장 치명적인 타격을 줄 수 있는 심장이나 머리 쪽을 노릴 것입니다. 이와 마찬가지로 우리 안에 있는 자아를 죽이고자 할 때, 하나님께서는 우리의 육에서 가장 연약한 부분을 건드리십니다. 하나님께서 우리에게 맡기신 십자가는 바로 육의 생명을 죽이기 위해 디자인된 것이 대부분입니다.

견디기 어려운 순간들이지만, 이러한 시간들이 바로 우리를 겸손케 하기 위해 존재한다는 것을 기억해야 합니다. 참기 힘든 모욕적인 순간에도 평온함과 평안함을 느끼는 것은 우리의 영혼에 예수님이 현저하게 나타나고 있다는 증거입니다.

저는 겸손함을 드러내는 말을 하는 것도 주의하기를 권합니다. 자신의 겸손함을 드러내는 말은 듣기에 좋을 수도 있습니다. 그러나 겸손함을 굳이 드러내는 것보다 아무 말도 하지 않는 것이 훨씬 더 우리 영혼에 좋습니다.

여전히 자신의 겸손을 드러내는 말하기를 좋아한다면 주

의하십시오! 우리의 옛 자아는 자신에 대하여 말함으로 많은 위안을 얻으려 하기 때문입니다. 다른 사람들이 당신에 대해 험담을 하더라도 마음에 요동이 없게 하십시오. 이 세상이 당신에 대해 뭐라 하든 신경을 쓰지 마십시오. 오직 하나님의 뜻을 행하는 것에 신경을 쓰십시오. 절대로 사람들이 원하는 바를 다 만족시켜 줄 수 없을 뿐 아니라, 그럴 만한 가치도 없습니다. 당신을 비방하던 말들은 하나님의 임재 안에서 힘을 잃습니다.

이웃에게 친구라는 관계를 기대하는 것보다 그들을 그저 마음에 품고 사랑하는 법을 배우시기 바랍니다. 사람들은 잘 변합니다. 사람들은 우리를 사랑하기도 하고, 떠나기도 합니다. 사람들은 바람에 나부끼는 연처럼, 그리고 미풍에도 쉽게 날아가 버리는 깃털처럼 언제든 떠날 수 있는 존재들입니다. 사람들이 하는 대로 내버려 두십시오. 다만 그들 안에서 역사하고 계시는 하나님을 보려고 하십시오. 사람들은 하나님의 허락 없이는 당신에게 어떠한 해도 입힐 수 없습니다. 결국 하나님께서 우리를 시험하거나 복을 주고자 하실 때, 사람들을 통해서 일하신다는 사실을 기억하시기 바랍니다.

17

> 하나님 안에서의 평온함이
> 진정한 원동력입니다

    하나님을 위해 무엇인가 이루려고 할 때, 굉장한 열심과 목표의식 그리고 신중한 계획성 또는 자신을 잘 표현하는 것과 같이 세상이 요구하는 기준들이 그다지 필요하지 않음을 알게 됩니다. 중요한 것은 하나님께 완전히 순복하는 것입니다.

    완전한 순복이라는 빛 가운데 당신이 계속적으로 걷는다면, 하나님께서 당신을 통해 하시고자 하는 모든 일을 해낼 수 있습니다. 소수의 사람들이 계속적으로 자아를 죽이고 빛 가운데로 걸었을 때, 하나님께서는 그들을 아주 효과적으로 사용하셨습니다. 우리가 신중하게 세운 계획을 열심히 실행하는 것보다 자아가 죽은 상태에서 다른 누군가에게 하는 한마디가 더 많은 영향력을 끼칠 수 있기 때문입니다.

자아가 죽은 당신이 말할 때는 이미 죽고 없는 자아의 자리에 성령님이 들어오셔서 말씀하시는 것입니다. 그분은 하나님의 권능과 권위로 당신을 통해 말하길 원하십니다.

성령님께서 우리를 통해 하시는 단 한마디는 상대방의 영혼을 밝혀 주고 설득하며 축복하여 행동으로 옮기지 못하던 것도 할 수 있게 해줍니다. 이럴 때, 우리는 논쟁이나 언쟁 없이도 상대방과의 대화에서 이루려고 했던 것을 이룰 수 있습니다.

반대로 우리의 옛 자아가 끼어들게 되면, 끝나지 않는 말뿐인 논쟁을 일삼기가 쉽습니다. 결국 수많은 가능성을 놓고 토론만 하게 되는 것입니다. 우리는 계속적으로 충분히 말하고 행동해야 직성이 풀립니다. 그러나 말이나 행동으로 해결하려 할 때, 화가 나거나 흥분하기 때문에 결론을 이끌어 내지 못하는 경우가 많습니다.

이런 말을 하는 이유는 당신이 계속적으로 문제에 대해 말하려 하는 경향이 있다는 것을 알고 있기 때문입니다. 오히려 자신을 하나님께 맡기고, 당신이 걱정하는 문제조차도 평온하게 그분께 맡긴 채로 두십시오.

모든 것을 하나님의 손에 맡긴다면, 육체적으로나 영적으로 훨씬 편안해질 것입니다. 물이 높은 곳에서 낮은 곳으로 흘러가는 것이 자연의 섭리인 것과 같이 말입니다. 당신이 사람들을 다른 사람으로 변하게 할 수 없듯이 사람들은 언제나 약하고, 허영이 있으며, 신뢰할 수 없고, 공정하지 못할 때가 더 많으며, 위선적이고, 교만하기 쉽습니다. 또한 세상은 언제나 세상적일 것입니다. 당신은 이것들을 바꿀 수 없습니다.

사람들은 그들만의 성향과 습관을 따라갈 것입니다. 그들의 성격을 개조할 수 없기 때문에 가장 좋은 것은 '그들을 있는 그대로 지켜봐 주는 것'입니다. 사람들이 터무니없게 행동하고 부정하더라도, 그로 인해 당신이 불편해할 필요가 없습니다. 그저 하나님의 품에서 평안을 누리십시오.

하나님께서는 당신보다 훨씬 더 앞을 잘 보실 수 있습니다. 그러니 당신 안에서 하나님께서 일하고자 하실 때, 마음에서 걱정을 몰아내고 평온하고 온유한 마음으로 그분을 따라가십시오.

> 진정한 우정은
> 하나님 안에서 발견됩니다

　우리는 이기적인 기준들로 하나님께서 허락하신 형제들을 판단하기보다는 오히려 만족할 줄 알아야 합니다. 우리의 뜻이 아닌 하나님의 뜻이 이루어지는 것이 옳기 때문입니다.

　그분의 뜻이 바로 우리의 뜻이 되어 하늘에서 이루어진 것같이 땅에서도 이루어지게 해야 합니다. 이것은 자아를 만족시키는 일보다 훨씬 중요합니다.

　오, 형제애는 얼마나 아름다운 것입니까! 예수님 안에서 하나일 때, 우리는 서로가 얼마나 귀중한 존재이며 누구보다 마음이 통하는 가까운 사이라는 것에 놀라게 됩니다. 우리를 향하신 그분의 뜻과 그분 자체에 집중하면, 우리에게 허락된 형제자매들과 대화하면서 서로 놀랍게 하나 되는 것을 보게 됩니다. 그렇습니다. 만약 진정한 친구를 찾고자 한다면, 저는 당신이 어디에서 그런 친구를 찾을 수 있는지를 말해 줄 수 있습니다. 다름 아닌 하나님 안에 그 답이 있습니다.

그분만이 영원하고 진정한 우정의 원천이 되실 수 있습니다. 그분의 가슴에 조용히 안겨 있을 때, 당신은 영적인 대화를 할 수 있는 가장 적합한 상태가 됩니다. 그분은 당신에게 어떤 친구가 필요한지 알고 계십니다.

당신에게는 하나님에 대해 이야기하고, 그분을 위해 살며, 삶의 모든 것이 그분께 집중되어 있는 친구가 필요합니다. 이러한 이유에서 저는 당신에게 하나님의 품에 안겨 있으라고 권고하는 것입니다. 하나님의 품, 바로 그곳에서 진정한 우정이 무엇인지 알게 될 것입니다. 당신이 의미 있게 생각하는 우정과 상관없이, 하나님의 품에서 그 모든 것이 재조명될 것입니다. 비록 신뢰하던 친구가 당신을 실망시키더라도, 당신은 하나님의 품에서 그에게 실망하고 좌절하는 대신 신뢰를 유지할 수 있을 것입니다.

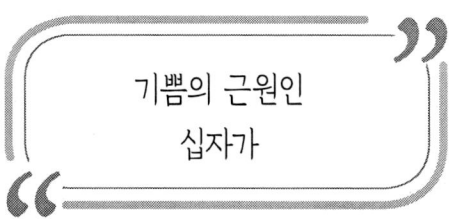

기쁨의 근원인 십자가

당신이 아파하고 있는 문제로 저 또한 마음이 아픕니다. 날아가는 화살과 같이 빠르게 흘러가는 세월 속에서 우리가 예수님의 십자가를 지고 가야 한다는 것을 당신이 이해하고 있다는 것을 알고 있습니다. 또한, 조금 후에는 영원이라는 시간 속에서 우리의 고통이 끝난다는 것도 말입니다. 그때, 하나님께서 그분의 손으로 우리가 고통과 한숨 속에서 흘렸던 눈물들을 손수 닦아 주시고, 우리는 그리스도와 함께 보좌에 앉아 다스리게 될 것입니다.

잠시 동안 허락된 예수님과 함께하는 고난의 시간 동안, 십자가의 영광에 눈을 고정시킬 수 있길 기도합니다. 우리에게 고난이라는 십자가가 다가올 때, 조용히 또 겸손하게 그 짐을 지기 원합니다. 고난을 부풀리고 실제보다 더 힘들어 보이게 말하는 것은 바로 우리의 자아입니다. 자아가 떠들어 대는 허풍에 주의를 기울이지 마십시오. 십자가의 무게에 대해 떠들고 싶은 자아의 욕망을 다스리고 단순함 가운데 짊어지는 십자가는 지고 갈만 합니다.

우리가 예수님을 사랑함으로 고통당한다면, 그분에 대한 사랑으로 십자가를 지는 것도 즐거울 수 있습니다. 갚을 수 없는 엄청난 사랑을 받은 사람은 고통을 특권으로 여길 줄 압니다. 그분의 십자가를 지면서 위로가 되는 것은, 우리가 점차 그분의 형상으로 변화되어 간다는 사실입니다.

> 감정이 메마르거나
> 자기 자신이 드러날 때,
> 비탄에 빠지지 마십시오

이번 새해에는 당신에게 충만한 은혜와 축복이 넘치기를 기도합니다. 예전처럼 당신이 고통의 시간을 묵상하고 회상하는 것을 즐기지 않는다는 소식은 놀랄만한 소식은 아니었습니다.

모든 것은 변하기 마련입니다. 활발한 성격을 가진 사람들은 활동을 많이 하는 것에 익숙해져 있기에 고독과 정적이 다가오면 괴로워하기도 합니다. (이것이 당신의 이야기는 아니지요?) 활발한 성격의 당신이 정적이고 조용한 삶에 갇힌 것과 같은 상황에 어떻게 반응할지 우려하던 바가 있었기에 언급하고 넘어갑니다. 그러나 이 모든 상황에 하나님과 깊은 교제를 누리던 예전에는, 당신에게 그 어떤 것도 문제가 되지 않았던 것을 기억하십시오. "여기 있는 것이 좋사오니"라고 고백한 베드로처럼 당신도 같은 고백을 하곤 하지만, 많은 경우 우리가 무엇을 말하고 있는지 모르기 때문에 이렇게 섣불리 고백하곤 합니다(막 9:5-6).

우리는 하나님과의 깊은 교제 가운데 즐거울 때에는 모든 것을 할 수 있다고 느끼지만, 유혹과 낙심이 닥쳐올 때에는 아무것도 할 수 없다고 생각합니다. 하지만 이 두 가지 모두 잘못된 생각입니다. 하지만 예전의 당신으로 돌아가려고 하는 지금, 하나님 안에서 묵상하는 것이 점점 더 방해를 받는다고 느끼더라도 포기하지 마시길 바랍니다.

당신이 고통 중에 있었을 때는 이러한 고통에서 벗어나기 위해 더욱 보좌 앞으로 나아가 그분을 묵상할 수 있었을 것입니다. 당신은 천성적으로 매우 활발하고 열정적인 사람이라 조용히 그분 앞에 머무는 시간들을 거의 보내지 못하고 살아왔겠지요. 삶에서 느끼는 피곤함은 당신으로 하여금 하나님께 나아가게 하는 유일한 원동력이었을 것입니다. 그러나 모든 고통이 끝난 것과 같은 지금, 힘든 시간 가운데서 하나님을 찬양하고 그분 안에 머물던 예배의 기초를 잃을까 두려울 수 있습니다. 하나님께 신실했던 시간 동안 그분께 헌신적으로 나아갔던 예배는 당신의 삶에서 진정한 원동력이 될 것입니다.

당신은 고통을 통해 진정한 삶의 원동력이 무엇인지 맛보았습니다. 이제 바로 그러한 삶이 어떻게 살아가야 하는지에 대한 답이 될 것입니다. 하나님이 당신을 이끄셨던 곳을 볼 수 있었던 것은 그분이 주신 체험입니다. 그러나 이제 하나님께서는 마치 그러한 체험이 없었던 것처럼 그 생생한 기억들을 가져가셨습니다. 이를 통해 하나님께서는 당신이 그러한 체험을 스스로 할 수도, 간직할 수도 없는 존재임을 깨닫기 원하십니다. 은혜의 선물은 겸손하게 구해야 합니다.

그러므로 어느 날 갑자기 은혜를 잊어버린 채 아무 일도 아닌 일에 예민하게 반응하고, 불완전하며, 거만하고 이기적인 당신의 모습을 발견하더라도 놀라지 마십시오. 이렇게 거룩함과 동떨어져 있는 이기적인 모습이 원래 당신의 모습임을 기억하십시오. 하나님의 은혜 없이는 당신이 달라질 수 없다는 것을 기억해야 합니다.

성 어거스틴은 "우리는 매일 우리가 짓는 죄로 인한 혼란의 멍에를 지게 된다"고 말했습니다. 우리는 스스로를 고쳐보려고 하지만, 이내 지치고 무력함을 느끼게 되어 있습니다.

이럴 때 우리는 자신에게 품고 있는 일말의 희망을 포기하고, 하나님만을 기대해야 합니다. 그러나 동시에 우리 안에 있는 약함을 견뎌내야 합니다. 스스로를 추켜세울 필요는 없더라도, 자신을 가다듬을 수 있는 기회를 결코 놓치면 안 됩니다.

끊임없이 하나님이 우리를 변화시켜 주시길 기다리면서 우리가 정말 어떤 사람인지 알아야 하며, 그분의 전능하신 손 아래 겸손해질 필요가 있습니다. 우리는 이러한 과정 가운데서 일어나는 마음속의 저항들과 싸워야 합니다. 할 수 있는 한 그분의 임재 가운데서 조용히 머무십시오. 느껴지는 대로 섣불리 행동하려 하는 자아의 생각, 즉 당신의 기호에 따라 결정하려는 생각들을 잘 다스리시길 바랍니다. 매일의 삶 가운데 지나치게 분주하고 서두르고 있는 자신을 발견하게 된다면, 즉시 멈추십시오!

그리고 아무리 좋은 것이라도 너무 열심을 내지 마십시오. 하나님을 바로 아는 데서부터 오는 여유로움으로 모든 것을 바라보시길 축복합니다.

> 우리는 부족한 이들을
> 사랑하기 위해 태어났습니다

당신에게 서신을 보내기 시작한 지 오래되었지만, 항상 당신에게서 주님이 부으시는 사랑을 느낍니다. 당신을 향한 하나님의 사랑과 함께 저도 동일하게 당신을 축복하고 있음을 전합니다. 그리고 당신이 처음에 누리던 기쁨과 평안이 항상 지속되길 기도하고 있습니다.

아무리 완벽해 보이는 사람이라도, 결점이 없을 수는 없습니다. 그러니 사람을 향해 너무 기대하지 않는 것이 좋습니다. 만약 기대했던 사람이 실수를 하더라도, 다른 사람의 잘못에 관대할 필요가 있습니다. 왜냐하면 우리도 완벽하지 못하기 때문입니다. 그런데 가끔은 다른 사람을 참아 주기가 굉장히 어려울 때가 있습니다.

"너희가 짐을 서로 지라 그리하여 그리스도의 법을 성취하라"(갈 6:2). 여러 가지 뜻이 있겠지만, 저는 이 말씀에 다른 사람의 결점을 서로 지라는 의미가 있다고 생각합니다.

만약 우리가 다른 사람들과의 관계 가운데 결점을 보더라도 정죄하기보다 잠잠히 있고, 항상 기도하며, 하나님께 계속적으로 순복할 수 있다면, 이 평화롭고 조화로운 관계는 위대한 관계가 될 수 있을 것입니다. 우리는 형제자매 사이를 항상 어렵게 만드는 질투와 비난의 감정들을 거부해야 합니다. 만약 남들을 비난하지 않고 잘못을 이해하고 덮어 주며 관대하게 살 수 있다면, 우리는 분명 많은 문제들을 피할 수 있을 것입니다. 다른 사람을 경솔하게 판단하거나 이야깃거리로 만드는 일에 관심을 두지 않는 사람은 행복한 사람입니다. 이러한 삶을 살기를 사모하십시오.

매 순간 육을 따르기보다 성령의 음성에 민감하게 반응하고 그분께 순종하십시오. 그리고 오늘 하루 당신의 십자가를 지십시오. 십자가는 필요한 것이기에 주어진 것입니다. 그리고 당신에게 어떠한 훈련이 필요한지 아시는 분이 은혜로 주신 것입니다. 하나님께서는 이러한 훈련을 통해 당신이 끊임없이 마음속에서 요동치는 이기적인 자아를 넘어서길 원하십니다.

만약 이기적인 자아가 십자가에서 죽는다면, 혹여 다른 사람들에게 경멸을 받더라도 그것이 당신에게 영향을 미치지 못할 것입니다. 그리고 당신의 모든 것을 오직 예수님께만 드릴 수 있을 것입니다. 성 어거스틴이 회상하길 그의 어머니는 기도로 사셨다고 하였습니다. 저는 당신 역시 그러하길 바랍니다. 모든 것에 대해 죽으십시오. 이러한 크리스천의 삶을 살아가기 위해서는 계속적인 자아의 죽음 외에는 다른 길이 없습니다.

22

> 죽음에 대한 두려움은
> 우리의 힘이 아닌 하나님의 은혜로
> 극복할 수 있습니다

요즘 죽음에 대해 더욱 자주 생각한다는 말에 당연히 그럴 수 있다고 생각합니다. 우리가 늙고 연약해지고 있으니 오히려 자연스러운 것으로 받아들여야 한다는 것은 너무 인간적인 생각이라고 할 수도 있겠지요.

하지만 나이가 들수록, 몸이 무뎌질수록, 우리가 이러한 문제에 파묻혀 살아가고 있음을 발견하게 되는 것이 사실입니다. 어쩌면 이런 생각들이 사라지길 기도하고 있을 수도 있습니다. 그러나 하나님께서는 이러한 죽음에 대한 걱정과 두려움이 예수 그리스도 안에서 재조명될 때, 우리가 얼마나 담대할 수 있는지 깨닫길 원하십니다.

인간의 약함을 인지하기 위해 그리고 그분의 손안에서 겸손해지기 위해 죽음에 대해 진지하게 생각해 보는 것은 좋은 일입니다. 왜냐하면 죽음에 대한 묵상은 우리를 겸손하게 만드는 데 가장 효과적이기 때문입니다. 어떻게 효과적일까요? 죽음에 대한 두려움 앞에서 우리가 가졌던 믿음과 확신이 사라져 버리는 것에 놀라게 되는 데 그 비밀이 있습니다. 죽음 앞에서 우리의 믿음은 시험당하고, 땅바닥에 떨어지기도 하며, 우리의 약점과 무가치함이 또 다시 드러납니다. 하지만 동시에 하나님의 지속적인 자비가 더욱 필요함을 다시 깨닫게 되는 귀한 시간이 될 수 있습니다.

주의 눈앞에는 의로운 인생이 하나도 없나이다 (시 143:2)

그렇습니다. "하늘이라도 그가 보시기에 부정하거든"(욥 15:15), "우리가 다 실수가 많으니"(약 3:2). 우리는 우리의 어떠함보다 우리의 연약함 가운데 부으시는 하나님 아버지의 자비를 바라보아야 합니다. 우리가 잘하고 있고 선하기 때문에 하나님의 자비가 필요가 없다고 생각하는 것은 속고 있는 것입니다. 믿음과 확신이 없는 죽음의 골짜기를 통과할 때, 우리가 할 수 있는 오직 한 가지는 우리의 의를 의지하는 것이 아니라 하나님의 의와 그분의 자비를 바라보는 것입니다.

우리는 죽음의 골짜기에 들어서기 전과 같이 목자와 함께 걸으며 이 골짜기를 곧장 통과해야 합니다. 매 순간 드러나는 죄악에 집중하는 것이 아니라 예수님께서 십자가에서 이루신 놀라운 일에 집중할 때, 우리는 죽음과 어둠의 골짜기를 그분의 빛 가운데서 담대히 통과하게 될 것입니다. 그러나 만약 죽음에 지나치게 집중하면, 어둠에 사로잡히게 됩니다. 하나님께서는 중요하지 않은 것들에 대해 염려하는 것을 원치 않으십니다. 죽음이 가까이 왔다고 자기 연민에 빠지는 것이 아니라, 오히려 평온해야 합니다. 삶에 지나치게 집중하던 태도를 내어드리고, 대신 담대하게 그분께 삶을 맡겨 드리십시오.

성 암브로스가 죽음을 앞두고 있을 때, 누군가가 그에게 하나님을 심판대 앞에서 뵐 것이 두렵지 않느냐고 물었습니다. 그때 성 암브로스가 "우리는 좋은 주인을 모시고 있다네"라고 한 말은 명언으로 기억되고 있습니다. 우리는 하나님이 도대체 우리에게 어떠한 존재이신지 계시적으로 깨달아야 합니다. 그분은 우리를 위해 예수님을 희생시키실 정도로 우리를 사랑하시는 우리의 아버지이십니다.

아무리 크리스천이라 하더라도, 죽음은 결코 만만한 적이 아닙니다. 때론 하나님이 우리를 어떻게 심판하실지, 우리 자신이 어떤 사람인지 확신하지 못할 때가 많습니다. 당신의 믿음을 시험하고자 이 말을 하는 것이 아닙니다. 다만 우리가 얼마나 그분의 자비에 철저하게 의존하고 있는지 알려 드리고자 하는 것입니다.

성 어거스틴이 말한 것처럼, 하나님 앞에서 '우리의 초라함과 그분의 자비' 외에는 아무것도 남지 않도록 해야 합니다. 그분의 자비 말고는 무엇으로도 우리를 구할 수 없는 우리의 죄악에 참담함을 느낍니다. 하지만 하나님께 감사드리십시오! 그분의 자비는 우리가 원하는 모든 것입니다. 또한, 이 절망의 시간 속에서 당신의 확신을 강하게 하고, 당신의 마음을 견고케 합니다.

"하나님이 참으로 이스라엘 중 마음이 정결한 자에게 선을 행하시나"(시 73:1). 하나님 앞에서 우리의 연약함과 죄악을 회개하며 나아갈 때, 그분은 크신 긍휼과 자비로 우리를 품으십니다. 그리고 어린양의 보혈로 우리를 깨끗케 하시고 정결하게 하는 것을 기뻐하시는 좋으신 아버지이십니다.

23

> 때로는 책망을
> 잘 받을 수 있어야 합니다

저는 당신이 내적 평안을 누리기 바랍니다. 이러한 평안은 겸손하지 않고는 불가능하다는 것을 알고 계시리라 생각합니다. 모든 상황에 하나님이 개입하지 않으시면, 우리에게 진정한 평안은 없습니다.

평안을 유지하기 힘들게 하는 일은 도처에 널려 있습니다. 예를 들어 우리의 내적 연약함을 깨달을 때라든지 또는 우리를 인정하지 않는 누군가에게 무언가 비난받는 상황을 생각해 볼 수 있습니다. 하지만 이것은 우리가 계속해서 만나게 될 시련이기 때문에 이러한 고난에는 익숙해지는 것도 필요하다고 생각합니다.

다른 사람들의 지적에 어떠한 영향도 받지 않고, 또한 이러한 지적을 받을 때 마음이 잔잔한 바다와 같이 동요하지 않는 상태가 하나님께서 부으신 겸손입니다. 이것이 바로 진정한 평안입니다.

어린아이는 솔직하게 잘못을 인정할 줄 압니다. 그러나 어린아이의 마음을 잃어버린 우리는 다른 사람들이 말하는 것이 우리가 고쳐야 할 점이라는 것을 너무나 잘 알면서도 그냥 고치기 싫어 하고, 무시하고 싶어 합니다. 우리가 어떤지 너무 잘 알고 있고, 하나님의 자비가 아니고는 더 나아질 희망이 없는 것처럼 보이는 우리 자신을 너무나 잘 알고 있습니다.

그러나 다른 사람들이 우리에게 퍼붓는 비난이 부당할 때도 있습니다. 그렇더라도 우리가 잘못한 것보다 더 안 좋은 것은 그러한 잘못을 교정받는 가운데 불평불만으로 가득해지는 것입니다. 교정을 받는다고 겸손해지는 것은 아닙니다. 다만 교정 가운데 계속적으로 우리의 몸을 낮추는 겸손을 훈련할 따름입니다. 교정받는 가운데 내적 분노가 있다면, 그것이야말로 얼마나 교정이 필요한지 보여 주는 것입니다. 사실 우리의 옛 자아가 죽었다면, 교정의 따끔함은 느껴지지 않을 것입니다. 그러므로 교정이 아플수록, 우리에게 교정이 얼마나 필요한지 보게 되는 것입니다.

제 말이 지나쳤다면, 용서를 구합니다. 하지만 당신을 향한 저의 진심을 의심하지는 마십시오. 제가 말하는 것은 저로부터 나온 말들이 아님을 기억하십시오. 이 말들은 하나님으로부터 왔습니다. 그리고 이것은 아직도 살아 있는 자아를 향해 따끔하게 말씀하시는 것입니다. 제가 당신을 아프게 했다면, 그 고통은 아픔을 느끼는 부위를 건드렸다는 증거임을 기억하십시오.

그러므로 하나님께 순종하고, 그분의 만지심에 만족하십시오. 그러면 당신의 영혼은 곧 평온과 화합 가운데 거하게 될 것입니다. 당신은 하나님께 순종하는 것의 중요성에 대해 한 번쯤 다른 사람들에게 말해 보았을 수 있습니다. 이제 그 충고를 당신 자신이 받아들여야 합니다.

오, 하나님께서 당신을 겸손하게 하시고 항복시키기 위해 사용하시는 교정과 질책을 어린아이와 같이 받아들일 수 있다면, 당신 위에 얼마나 아름다운 은혜가 임하겠습니까?

하나님께서 당신의 자아를 철저하게 깨뜨리셔서, 당신이 더 이상 자아에 매이지 않기를 진심으로 기도합니다.

> 결점을 허용하지 않는 것이
> 바로 결점입니다

저는 당신이 주변 사람들의 결점에 대해 좀 더 관대해질 필요가 있다고 생각합니다. 눈앞에서 사람들이 실수나 잘못된 행동을 한다면, 결점을 볼 수밖에 없고 당신의 마음에 그들에 대한 무의식적인 판단이 불쑥 일어나는 것을 막을 수 없겠지요. 아무도 다른 사람의 결점이 우리의 무의식을 자극시킨다는 것을 부정할 수 없을 것입니다. 하지만 그들의 결점이 심각하든 그렇지 않든, 그 결점에 대해 인내심을 갖고자 결심한다면 관대해질 수 있을 것입니다.

사람들의 결점 때문에 그들을 외면하지 마십시오! 완벽함이라 불릴 수 있는 것이 있다면, 저는 그것이 타인의 불완전함을 받아들이는 것이라 생각합니다. 그런 완벽함은 어떠한 결점을 보더라도 적응하는 것입니다. 우리는 매우 좋은 사람들에게서 의외의 큰 잘못을 발견하곤 합니다. 하지만 놀라지 마십시오. 바로 이때가 그 잘못들을 그대로 두고, 하나님께서 그분의 계획대로 다루시게 놔두어야 할 때입니다. 만약 우리가 그 잘못들을 다루려고 한다면, 어느새 내 눈의 들보는 보지 못한 채 남의 눈의 티끌을 없애려고 칼을 들이대는 것과 다름이 없어집니다.

저는 하나님께서 가장 영적인 사람들의 굉장히 부적절하게 보이는 약점들을 건드리지 않으시는 것을 보곤 합니다. 이것은 우리 모두에게 해당됩니다. 만일 우리에게 하나님께서 다루셔야 할 결점이 있다는 것을 알았다면, 하나님께서 그 연약한 부분을 다루시도록 내어드려야 합니다.

당신은 다른 이들의 약점을 인내하기 위해 노력해야 합니다. 아마도 자신의 결점을 고친 경험이 있는 사람들이라면, 이 과정이 얼마나 힘들고 고통스러운지 알 것입니다. 그러므로 다른 이들에게 고통이 덜하도록 감싸주고, 그들이 빨리 치유될 수 있도록 기도해 주었으면 좋겠습니다.

당신이 다른 사람의 잘못을 너무 많이 고쳐 주고 있다는 말이 아닙니다. 그것보다 정말 생각해 봐야 하는 부분은 다른 사람의 잘못을 발견했을 때 냉정해지고 그들과의 관계를 정리하려고 하는 당신의 성향입니다. 그러므로 당신은 이 부분 또한 하나님께 맡겨 드릴 필요가 있습니다.

만일 저에게 교정이 필요한 부분이 있다면, 그냥 보아 넘기지 않았으면 합니다. 설사 그것이 잘못된 지적이라 해도, 저에게 손해가 될 건 없으니까요. 만일 당신의 지적이 제게 상처가 된다면, 그 과민 반응은 당신이 제 삶의 아픈 부분을 만졌다는 것을 보여 주는 것이겠지요. 하지만 당신의 교정에 더 이상 민감함이나 분노로 반응하지 않는다면, 적어도 제가 얼마나 겸손할 수 있는지 시험하는 매우 훌륭한 친절을 베푸신 것이며, 제가 비난에 익숙해질 수 있도록 도와준 것입니다. 또한 저는 성직자이며 교회에서 책임 있는 위치에 올라 있기 때문에 다른 이들보다 좀 더 겸손해야 할 책임이 있다고 생각합니다.

하나님께서는 제가 모든 것에 대해 죽기를 원하십니다. 바로 당신이 그러한 것처럼, 저 역시도 자아의 죽음이 필요합니다. 이러한 필요가 하나님과의 교제를 약하게 만드는 것이 아니라 더욱 견고하게 만드는 것임을 믿습니다.

25

> 우리 자신이 아닌
> 하나님의 음성을 들어야 합니다

저는 당신이 자아의 소리에 귀 기울이지 않기를 간절히 바랍니다. 한쪽에서는 자기애가 속삭이고, 다른 쪽에서는 하나님의 사랑이 속삭입니다. 자기애는 언제나 무익하고, 공격적이며, 독점적이고, 충동적입니다. 하지만 하나님의 사랑은 자기애와는 너무나 다릅니다.

하나님의 사랑은 단순하고, 평화로우며, 많은 말을 하지는 않지만 부드럽고 상냥한 목소리로 다가옵니다. 우리가 불평하는 날카로운 자아의 목소리에 귀 기울이기로 결심하는 순간, 더 이상 조용한 하나님의 속삭임을 들을 수 없게 됩니다.

자아가 웅변하기 시작한다는 것을 알 수 있는 특징이 있습니다. 자아는 언제나 자신을 즐겁게 하기를 원하고, 결코 자신의 요구가 만족되지 않았음을 강조합니다. 자아는 항상 필요한 것에 대해 말하고 요구하며, 자신을 우쭐하게 만들어 주지 않는 것은 듣고 싶어 하지 않습니다.

반면에 하나님의 사랑의 음성은 자아는 다 잊혀지고 아무것도 아닌 것처럼 여겨지며, 하나님만으로 모든 것에 만족하는 상태로 우리를 이끕니다. 하나님은, 우리의 자아가 우상처럼 짓밟히고 부서질 때, 하나님의 사랑이 우리 안에 있을 수 있고, 우리 자신이 하나님의 뜻을 따르기에 최고의 때인 것을 아십니다. 그러므로 우리의 영이 조용히 하나님의 음성을 들을 수 있도록, 헛되고 불평하기 일쑤인 수다스러운 자기애를 잠재우십시오.

26

> 완전한 신뢰는
> 하나님께 가는 지름길입니다

저는 하나님께서 당신을 친구로 생각하신다는 것을 조금도 의심하지 않습니다. 그렇지 않다면, 수치와 고통의 십자가 속에서 당신을 믿지 않았을 것입니다. 십자가는 영혼들을 하나님께로 더욱 가까이 이끄는 수단입니다. 십자가는 그분의 목적을 우리의 개인적인 노력보다 더 빠르고 효과적으로 성취시킵니다. 십자가는 우리가 할 수 없는 인간 내면 깊은 곳에 뿌리내리고 있는 자기애를 떼어낼 수 있습니다. 하지만 하나님께서는 자기애가 깊숙이 숨겨져 있는 것을 너무 잘 아시며, 자기애란 견고한 진을 십자가로 뿌리째 뽑아 아예 근원 자체를 없애길 원하십니다.

만약 우리에게 하나님을 따르고 그분의 손에 완전히 우리 자신을 맡길 만큼 믿음과 담대함이 있다면, 더 이상 완벽해지기 위해 노력하거나 긴장할 필요가 없는 그분의 완전함으로 나아가게 될 것입니다. 하지만 우리의 믿음이 너무나 약하고 언제나 하나님께서 예비하신 길에서 떠나기 때문에, 우리의 여정은 더 길어지고 영적 성장에서 뒤쳐지게 됩니다. 그러므로 당신은 하나님께 가능한 완전히 자신을 내어드리고, 죽는 날까지 이 일을 계속하는 것이 얼마나 중요한지 알 것입니다. 그러나 두려워하지 마십시오. 하나님께서는 절대 당신을 떠나지 않으십니다.

27

> 고통과 유혹 중에 있을 때는
> 결정을 보류하십시오

    당신이 지금 당장 통과해야 하는 흘러넘치는 고민들은 마치 갑자기 불어 닥친 태풍에 흘러넘친 강물과도 같습니다. 당신이 해야 할 일은 강물이 빠질 때까지 기다리는 것입니다. 이것은 엄청난 혼돈의 시간이며, 확실한 것이 아무것도 없는 것처럼 보입니다. 당신은 모든 것이 진짜가 아니라고 생각할 것입니다. 이것은 큰 고통에 대한 정상적인 반응입니다.

    저는 당신이 하나님의 뜻을 행하길 원한다는 것을 압니다. 당신이 하나님의 계획에 신실하게 순종한다면, 하나님께서는 반드시 영광을 받으실 것입니다. 하지만 혼란스러울 때에 중요한 결정을 내리는 것보다 어리석은 행동은 없을 것입니다. 왜냐하면 혼란한 상태에서는 하나님의 어떤 것도 제대로 분별할 수 없기 때문입니다.

따라서 저의 충고는 이것입니다. 안정을 취한 후에 신중하게 결정을 내리십시오. 그런 다음 당신이 본 대로 하나님의 뜻을 행동에 옮기기 시작하십시오. 이러한 때가 헌신적이고 단순하며 이기심 없는 마음으로 하나님께 돌아갈 가장 적합한 때입니다. 하나님을 의뢰함으로 그분과 함께 걸으십시오. 하나님과 사랑의 관계 가운데 거할 때, 계속 앞으로 나아가고 마음이 원하는 모든 것을 할 수 있을 것입니다. 그분께 순복된 영혼의 상태에서는 잘못된 길을 선택하지 않습니다.

당신이 극심한 유혹 가운데 있거나 고민 가운데 있을 때 결정을 내리는 것이 얼마나 위험한 일인지 알 거라 확신합니다. 이것이야말로 우리가 타락하는 지름길입니다. 더 전문적인 조언을 원한다면, 유능하고 경험 많은 상담가에게 물어 보십시오. 아마도 그는 차분해질 때까지 그 어떤 결정도 내리지 말라고 조언할 것입니다. 그리고 자기 자신을 속이는 가장 쉬운 길은 고통스런 때에 내린 결정을 신뢰하는 것이라고 말할 것입니다. 이와 같은 때에, 당신의 마음을 신뢰하는 것은 불안정합니다.

물론 당신이 지금 아니면 이 결정을 내릴 수 없을 것이라고 생각한다는 것을 알고 있습니다. 그리고 제가 이 중요한 결정을 방해하고 있다고 의심하고 있을지도 모르겠습니다. 하지만 그건 제 의도와 가장 먼 생각입니다! 당신이 어떤 결정을 내리든, 그것이 저의 책임이라고 느끼거나 당신을 방해하고 싶은 마음은 털끝 만큼도 없습니다.

저는 당신이 하나님과 올바른 관계를 유지해 갈 수 있도록 조언하고 싶을 따름입니다. 당신이 절망적인 상황에 상처를 받아 단순히 잘못된 결정을 해왔다는 것은 어쩌면 당연한 일입니다. 그러나 하나님의 뜻이 아닌 때에 단순히 자아가 하고 싶은 것을 만족시키기 위해 결정을 내리는 것이 과연 옳은 것입니까? 결코 그렇지 않습니다! 그러므로 저는 하나님으로부터 온 말씀을 받아들일 상황이 될 때까지 기다리라고 이렇게 간곡히 권고하는 것입니다.

지금 당장 제가 하고 싶은 것을 내려놓게 되더라도 하나님으로부터 온 선택을 취하겠다는 의지를 놓지 않을 때, 가장 멋진 선택을 할 수 있을 것입니다.

> 사랑하고 있다면,
> 모든 것을 가진 것입니다

저는 어제부터 계속 당신이 제게 쓴 편지 내용에 대해 깊이 생각하고 있습니다. 그 내용을 생각하며 묵상할수록 하나님께서 고통 가운데 있는 당신을 격려하고 계실 것이라는 확신이 듭니다.

하나님을 기다리는 것이 얼마나 힘들지 이해합니다. 그러나 이럴 때일수록 더욱 평소와 다름없는 생활을 유지하십시오. 그것이 당신이 그분을 믿고 있다는 증거입니다. 아픈 사람일수록 더욱 잘 먹어야 한다는 것을 아시지요? 그것처럼 우리 삶에 고통이 닥칠 때일수록 믿음 가운데 거하며 평소와 다름없이 필요한 모든 것을 해야만 그 고통에 침몰되지 않습니다.

당신처럼 고통 가운데 있는 경우, 우리는 우리 뒤에 계신 우주를 창조하신 크고 위대하신 하나님을 바라보아야 합니다. 그분은 죽음을 깨뜨리시고 우리에게 오셨습니다. 비록 지금 그분이 느껴지지 않더라도, 그분은 항상 우리와 함께 하십니다. 그리고 우리가 느끼든 느끼지 못하든, 그분이 함께 하심을 굳게 믿고, 그 믿음으로 모든 고난과 고통을 깨뜨리길 끊임없이 격려하고 계십니다.

또 한 가지 말씀드리고 싶은 것은 가족과 고통을 함께 나누라는 것입니다. 하나님은 고통을 통해 다양하게 일하실 수 있습니다. 때론 고통으로 보이는 것이 결국 선으로 바뀌는 것을 우리에게 보이십니다. 가족과 고통을 나눔으로 가족 간의 틈이 사랑으로 메워지고, 더욱 견고한 사랑의 가족이 될 것이라는 감동이 있습니다.

고통스러운 감정에 지나치게 신경 쓰지 마시길 바랍니다. 하나님께서는 우리가 고통에 빠져 있길 원하지 않으십니다. 감정에 기반을 둔 믿음은 변덕스러운 기초에 올려져 있는 것입니다. 하나님께서 원하시는 한 가지는 모든 상황 가운데 하나님이 어떤 분이신지를 아는 담대함으로 믿음을 버리지 않는 것입니다.

이러한 믿음을 유지하기 위해 매일 하나님을 알 수 있는 책을 읽거나 그분을 묵상할 것을 권합니다. 하나님께서 원하시는 제사는 그분께 청종하는 것입니다. 그분께 귀를 기울일 때, 어둠 가운데 빛을 비추시고 약할 때 힘을 주실 것입니다. 하나님을 전심으로 사랑하십시오. 그러면 어느새 당신에게 올려져 있던 다른 책임감들이 그렇게 중요한 것이 아니라는 것을 깨닫게 될 것입니다. 왜냐하면 그분의 사랑이 그 모든 것을 채울 것이기 때문입니다.

사랑이 무엇인지 알게 되기를 권면합니다. 저는 당신에게 부드럽고 감성적인 사랑을 바라는 것이 아닙니다. 제가 바라는 것은 오직 당신이 사랑을 의지하게 되고, 감정과 상관없이 하나님을 사랑하기로 결정하는 것입니다.

마음에서 일어나는 욕망과 상관없이 당신이 자기 자신이나 이 세상보다 하나님을 더 사랑하기로 결정한다면, 그분은 기뻐하실 것입니다.

29

> 강함보다 나은 약함,
> 아는 것보다 나은 체험

하나님의 사랑하는 자녀인 당신이 질병으로 고통받고 있다고 들었습니다. 저 역시 당신에게 애정이 있기 때문에 함께 고통스러워한다는 것을 알아주기 바랍니다. 또한 이러한 가운데서도 당신의 믿음을 지켜 주신 놀라운 주님의 은혜를 찬양하지 않을 수 없습니다. 그리고 당신 역시 저와 함께 선하신 주님을 찬양하기를 기도합니다.

당신이 힘이 넘치고 유쾌했던 날들을 생생히 기억하고 있습니다. 이런 기억들을 더듬어 보면서, 그러한 생활이 건강에는 좋은 영향을 끼치지 않았을 것이란 생각이 들더군요. 저는 당신이 지금 겪고 있는 고통이 살면서 쌓인 높은 중압

감의 자연스런 결과라고 생각합니다.

    육적으로 연약한 지금, 저는 당신이 영적 약함에 대해 더욱 많이 생각하기를 기도합니다. 단지 약함에 머물러 있으라는 이야기가 아닙니다. 주님께서 당신의 영을 치유하시고 강하게 하시는 동안, 마침내 영적 약함을 정복하실 것이기 때문입니다. 하지만 우선 당신의 약함을 깨닫기 전까지는 결코 강해질 수 없다는 것을 알아야 합니다. 우리를 약하게 하는 요인이 무엇인지 이해하기 시작할 때, 우리가 얼마나 강해지는지를 보면 참으로 놀랍습니다.

    우리의 실수들을 고백하며 잘못을 인정하고 고치는 것은 우리가 약할 때에만 가능합니다. 또한 다른 사람들이 우리에게 주는 교훈에 마음을 여는 것도 우리가 약할 때 가능합니다. 다른 사람들에게 단순하고 사려 깊게 그리고 가장 명쾌하게 조언할 수 있는 것 역시 우리가 약할 때 가능합니다.

    약하다고 해서 쉽게 비난의 대상이 되거나 나무람을 받아들여서는 안 됩니다. 동시에 절대적으로 필요한 경우가 아닌 이상 다른 사람을 비난해서도 안 됩니다. 우리는 충고를 바라는 사람에게만 충고해 주어야 하며, 독단적이지 않게 사랑으로 말해 줘야 합니다. 우리는 지혜롭다는 명성을 얻기 위해 말하기보다 그 사람을 돕고 싶은 욕구에서 말해야 합니다.

당신 속에 착한 일을 시작하신 이가 그리스도 예수의 날까지 이루시기를(빌 1:6), 그분의 은혜로 당신이 믿음을 지켜가기를 하나님께 기도드립니다.

우리는 우리 자신에 대해 인내심을 가져야 합니다(그러나 절대 우리의 자아를 만족시키기 위해 아첨하지는 말 것을 권합니다). 우리 안에 있는 변덕과 이기적인 생각들을 극복할 수 있는 방법을 계속적으로 사용하십시오. 복음을 실천할 때, 성령님의 인도하심으로 이러한 방법을 통해 더욱 민감해질 수 있습니다.

하지만 이러한 영적 작업들이 단 하루 만에 성취되는 것은 아니기에, 조용하고 평화롭게 이루어지게 해야 합니다. 나아가 우리는 배움과 행함에 있어 균형을 유지할 필요가 있습니다. 또한 행함에도 많은 시간을 들여야 합니다.

만약 우리가 주의하지 않는다면, 지식을 얻기에만 급급하여 생각보다 오랜 시간을 보내게 될 것입니다. 배운 지식을 활용하려면, 그만큼 많은 시간이 필요하기 때문입니다. 또한 우리는 쉽게 지식의 잣대로 영적 성숙을 평가하는 위험에 빠질 수 있습니다. 교육은 자아가 죽는 것을 돕기보다 옛 자아가 지적으로 성취한 것을 자랑하도록 독려하는 경우가 많습니다.

따라서 영적인 성숙을 향해 큰 걸음을 내딛기 원한다면, 당신의 힘이나 지식을 의지하지 마십시오. 하나님 앞에서 겸손하게 모든 것을 수용할 수 있도록, 마음을 열어 단순히 당신의 옛 자아를 신뢰하지 않는 것이 미덕의 근본입니다.

하나님은 지식을 주시며, 우리가 아는 것을 실천하기 원하십니다. 하지만 지식을 얻는 순간, 우리는 그것을 얻게 된 기쁨에 도취된 나머지 더 배울 것이 있다는 사실을 쉽게 잊어버리게 됩니다. 우리의 지식이 삶에서 행동으로 옮겨지기 전까지 우리가 기뻐할 이유는 거의 없습니다.

예수님은 우리가 보아도 보지 못하며, 들어도 깨닫지 못한다고 하시며 안타까워하셨습니다. 알기 쉽게 예를 들자면, 마치 위에서 소화되지 않은 음식은 몸에 아무런 유익을 주지 못할 뿐만 아니라 제거되지 않으면 몸에 해롭게 되는 것과 같은 원리입니다.

우리가 지식으로 성경을 깨닫게 되는 것은 감사한 일입니다. 하지만 우리가 마음으로 깨달은 지식을 소중히 여기지 않고 삶에서 그대로 행동하지 못한다면, 성경에 대한 지식들은 우리를 정죄하는 율법의 수단이 될 뿐입니다.

하나님께서 우리에게 원하시는 것은 지식이 아니라 행하는 것임을 항상 기억하십시오. 머리로만 이해하는 것이 아니라 결국은 사랑입니다. 우리가 모든 비밀과 모든 지식을 알지라도 사랑이 없으면 아무것도 아닙니다(고전 13:2).

30

> 지성이 주는 자만을 주의하고,
> 참된 지식으로 인도하는 사랑으로
> 자신을 채우십시오

당신의 마음이 지나치게 상황에 집중되어 있다면, 하나님의 마음을 이해하는 데 방해가 됩니다. 더 심각한 것은 당신이 논리와 이성에 너무 의존하고 있다는 것입니다.

저는 하나님께서 자신을 계시하시는 조용한 묵상을 방해하는 최대의 적이 우리의 이성이라고 생각합니다. 그래서 당신의 마음이 이성에 치우쳐 있는 것이 굉장히 염려됩니다. 그분의 임재로 들어가기 위해 필요한 것은 겸손과 단순함 그리고 사람의 방법으로 하려는 모든 것을 내려놓는 것입니다. 하나님의 임재 가운데 잠잠히 고요하게 머무십시오. 하나님을 이성으로 이해하려 하지 마십시오.

　제가 이런 충고를 하는 것은 굉장히 이성적이고 비판적인 친구들이 당신의 영적 삶을 지체시키는 데 막강한 영향을 미치고 있기 때문입니다. 당신이 친구들에게 영적인 조언을 구하여 문제를 해결하지 않는다 해도, 대답할 수 없는 문제들에 대한 그들의 끊임없는 추리가 당신을 서서히 하나님으로부터 갈라놓고, 마침내 깊은 불신에 빠지게 할 것이기 때문입니다.

　제가 이렇게 이성적인 사람들과의 교제를 주의하라고 하는 이유는 당신 역시 회심하기 전에는 그들과 같이 매우 이성적인 사람이었기 때문입니다. 오래된 습관은 쉽게 되살아나기 마련입니다. 그러한 습관들은 워낙 우리에게 친숙하기 때문에 원래의 자리로 돌아가려는 미세한 압력을 알아차리기가 무척이나 어렵습니다. 그러니 매우 소중하게 느껴지더라도 과거의 습관을 고집하는 것을 조심하십시오. 그 습관들을 버리기로 작정한다면, 당신은 그것을 끝낼 수 있을 것입니다.

　저는 넉 달 동안 연구를 하느라 쉴 시간이 없었습니다. 그러나 제가 연구를 하는 것이 아무리 즐겁더라도 그것이 하나님께 나아가는 데 방해가 된다면, 저는 기꺼이 포기할 것입니다.

이번 겨울에는 서재에서 약간의 여가 시간을 가질 수 있을 것 같습니다. 하지만 저는 휴식의 문턱에 조심스럽게 발을 들여놓을 것이며, 하나님께서 말씀하시면 언제든지 떠날 준비가 되어 있습니다. 우리가 금식을 하는 것처럼 때론 하나님께 더 나아가기 위해 다른 것들을 금하고 그분 안에 거하는 마음의 금식도 필요하다고 생각합니다.

제가 글을 쓰는 것과 대화하는 것을 얼마나 좋아하는지 잘 알고 계시리라 생각합니다. 그러나 지금은 글을 쓰거나 말을 하거나 누군가의 말을 듣거나 추론하거나 누군가를 설득하고 싶은 욕구를 느끼지 못합니다. 누군가가 이런 모습을 보면 침체기에 빠졌다고 생각할는지 모르겠습니다. 그러나 저는 때로 이처럼 마음의 금식과 같은 시간이 필요하다고 생각하여 제 상태를 나누고자 합니다.

저는 자유의 몸으로 살아가는 축복을 누리고 있지만, 성령님의 이끄심이 느껴지면 매일의 삶 가운데 그것을 따르려고 노력합니다. 그런데 종종 주변 사람들이 저를 보고 이해하지 못하는 경우가 있습니다. 주여, 그들을 축복하소서! 저는 그들을 괴롭히려는 것이 아니라 하나님 안에서 자유하다는 것을 주장하는 것뿐입니다. 저는 아브라함이 롯에게 했던 말을 하고 싶습니다. "네 앞에 온 땅이 있지 아니하냐 … 네가 우하면 나는 좌하리라"(창 13:9).

모든 것에서 자유한 사람은 행복합니다. 그러나 진정한 자유를 줄 수 있는 분은 하나님의 아들뿐입니다. 하나님의 아들이신 예수님께서는 실제로 사역 가운데서 묶여 있는 많은 자들의 족쇄를 부서뜨리고 자유케 하셨습니다. 그러면 그분은 어떻게 그렇게 하실 수 있었을까요? 예수님께서는 먼저 사람들로부터 그리고 가족으로부터 자신을 분리시키셨습니다. 그분의 칼은 남편과 아내, 아버지와 아들, 형제와 자매를 가르는 칼이었으며, 서로에게 묶여 있던 모든 족쇄를 끊고 하나님께만 속하도록 우리를 이끄셨습니다.

사실 이 세상에 우리가 하나님의 뜻을 따르는 데 방해할 수 있는 것은 없습니다. 만약 세상이 우리를 방해하도록 허락한다면, 우리가 선포한 자유는 그냥 말뿐인 것입니다. 우리는 다리가 땅에 묶여 있는 새처럼 너무나 쉽게 붙잡히게 될 것입니다. 그러나 문제는 그 새를 묶고 있는 끈이 너무 가늘어서 잘 보이지 않는다는 것입니다. 그렇게 많은 사람들이 보이지 않는 끈에 사로잡혀 언뜻 보기엔 자유로운 것처럼 보이지만, 사실은 묶여 있는 것입니다.

그 끈이 적당히 길다면, 새는 어느 정도는 날 수 있을 것입니다. 그럼에도 불구하고 그는 갇혀 있습니다. 제가 무슨 말을 하려는지 당신이 알기를 원합니다. 왜냐하면 당신이 누리기 바라는 자유는 당신이 잃어버릴까 봐 두려워하는 모든 것보다 훨씬 가치 있는 것이기 때문입니다. 저는 당신이 배운 대로 행동에 옮기고 신실하게 믿는 바를 붙잡아 흔들리지 않기를 바랍니다.

당신의 지성을 너무 의존하지 마시길 바랍니다. 그것은 너무나 자주 당신을 잘못된 길로 인도합니다. 제가 경험한 지성이라는 것은 도저히 믿을 수가 없는 사기꾼 같은 것이었기에 이렇게 주장하는 것입니다.

당신이 가진 단순함을 간과하지 말고 굳게 붙잡으십시오. 그리고 이 구절을 기억하십시오. "이 세상의 외형은 지나감이니라"(고전 7:31). 만일 우리 자신을 세상에 맞춘다면, 우리는 세상과 함께 사라질 것입니다. 하지만 하나님의 말씀은 절대 사라지지 않기에 그분의 말씀에 집중하고 행한다면, 우리는 사라질 수 없는 존재가 되는 것입니다.

다시 한 번 더 당신에게 권면합니다. 철학가와 이 세상의 저명한 학자들을 조심하십시오. 그들은 오히려 당신을 걸려 넘어지게 하는 그물이 될 수 있기 때문입니다. 당신이 좋은 동기를 가지고 그들과 교제함으로 약간의 유익을 얻기를 기대하겠지만, 저는 그들이 당신에게 좋은 영향을 끼치기보다 해로울 것을 알기에 이렇게 경고합니다.

그들은 사소한 문제들과 결코 풀릴 수 없는 진리의 파편에 불과한 지식에 대해 이야기하느라 시간을 낭비합니다. 결코 만족이 없는 지식을 향한 탐욕을 가진 그들은 이 세상을 소유할 수 없으면서 파괴하고 악하게 하는 정복자들과도 같습니다. 그들은 행할 마음이 조금도 없으면서 지식만 쌓고 있습니다. 솔로몬은 지식을 수집하는 허무함에 대해 경험하고 증거하였습니다.

무엇보다 저는 하나님의 보호하심 아래 우리가 모든 것을 행해야 한다고 확신합니다. 저는 하나님께서 인도하실 때 공부하는 것이 좋다고 생각합니다. 만약 공부하도록 인도하신다면, 가게에 가는 길이라도 공부에 대해 생각하십니다.

우리의 모든 마음을 공부에 집중합시다. 그리고 우리는 기도하면서 공부해야 합니다. 하나님은 진리이시며 사랑이신 것을 잊지 말아야 합니다. 우리가 사랑 안에서 자라갈 때, 진리를 더욱 알 수 있습니다. 우리가 진리를 사랑할 때, 사랑을 잘 이해할 수 있습니다. 우리가 진리를 사랑하지 않는다면, 사랑을 알 수 없습니다.

사랑이 많으시고 겸손하신 예수님은 살아 계신 진리이

시며, 자신이 얼마나 사랑 받고 있는지를 깨닫고 계셨습니다. 예수님은 철학자가 아는 것보다 더 많이 아실 뿐만 아니라, 철학자들이 알고자 하는 것보다 더 많은 것을 아십니다. 예수님이 말씀하신 지식, 곧 지혜롭고 슬기 있는 자에게는 숨기시고 어린아이들에게는 나타내시는 지식을 당신이 얻게 되기를 원합니다(마 11:25 참고).

> 전달하는 사람 때문에
> 하나님께서 주시려는 선물을
> 거절하지 마십시오

 도움이 필요할 때, 도와줄 친구를 찾았다니 무척이나 기쁩니다. 우리에게 필요한 것을 공급하시는 하나님의 방법은 참으로 놀랍습니다. 하나님께서 무엇을 베푸실 때, 우리가 무엇을 잘 해서라기보다는 그분이 기뻐하시는 곳에 기뻐하시는 일을 베푸시는 것입니다.

 나아만 장군이 시리아의 어떤 강물에서도 나음을 입지 못하였지만, 엘리사가 명한 대로 이스라엘의 요단강에서 몸을 씻자마자 나음을 입게 되었습니다. 이 이야기에서 우리가 알 수 있는 것은 통로보다 더 중요한 것은 원천이라는 사실입니다. 당연히 하나님께서는 최고의 통로를 사용하십니다. 하나님께서 생각하시는 최고의 통로는 우리로 하여금 믿음을 연습하게 하고, 인간적인 지혜를 내려놓게 하며, 계속적으로 단순하고 겸손하게 하나님을 의지하게 하는 것입니다.

그러므로 도움이 어떤 경로로 오든지 상관없이 하나님께서 주시는 도움을 무조건 받아들이고, 성령님께서 당신을 이끌기 원하시는 곳으로 따라가시길 바랍니다. 하나님은 종종 신비로운 방법으로 일하시기에 이러한 도움을 주시려는 비밀을 알려고 노력하기보다 우리에게 계시된 것에 순종하는 자세가 필요합니다.

영적 생활에서 지나치게 이성에 치우친 사고는 많은 어려움을 줍니다. 이 세상의 학식이 있는 사람들은 자신의 믿음을 이성으로 따져 보기를 좋아합니다. 그들은 성령님께서 그들의 영혼에 불을 붙이시려 해도 촛불을 바람으로 끄듯 하나님에 대한 열정의 불을 이성이란 바람으로 꺼뜨리고 맙니다. 이런 사람들과 어울리다 보면, 어느새 하나님을 향한 갈망이 사라지고 열정이 식게 됩니다. 특히 이성적이고 지식적인 것에 관심이 많은 당신은 특별한 주의가 필요합니다.

높은 수준의 교육을 받은 사람들 중 몇몇은 영적 묵상

을 즐긴다고 말하지만, 영적 깊이는 겉으로 식별하기가 어렵다는 것을 잊지 마시길 바랍니다. 그들에게 영적인 부분에 대한 갈망은 지식에 대한 갈망과 크게 다르지 않습니다. 대부분 이런 사람들은 지적인 갈망에서 신앙적 영역 역시 세상적인 방법으로 접근합니다. 물론 굉장한 갈망을 가지고 말이지요. 그러나 계속해서 토론과 지식으로 접근하기 때문에 결국 내적 평안과 하나님께 조용히 청종하는 것에 대해서는 알지 못합니다. 제가 지난번에 말씀드렸듯이, 이런 사람들은 다른 사람들보다 하나님을 진정으로 알고자 하는 사람들에게 치명적인 존재들입니다.

당신도 그들의 속임에 넘어갈 수 있습니다. 그리고 이런 사람들을 살펴보면, 대부분이 삶에 쉼이 없고, 꼬투리만 잡으려 하며, 통제하려 하고, 세속적이며 이기적임을 알게 될 것입니다. 그들은 항상 진실보다 자기 생각으로 가득 차 있기 때문에, 자신과 다른 생각을 가진 이들을 포용하려 하지 않습니다. 한마디로 영적인 부분에 참견하려 하면서도 그것에 대한 전체적인 이해가 없어서 자신들도 괴롭겠지만, 무엇보다 주변 사람들에게 자신의 고통을 전염시키는 사람들이라고 할 수 있습니다.

32

> **예수님은 가난과 부족함을 이기셨습니다**

모든 시험은 '나는 진정 누구인가?'라는 질문으로부터 시작됩니다. 당신을 사랑하시는 하나님께서는 당신이 감당할 수 없는 시험을 허락하지 않으실 것입니다. 대신 이런 시험들을 당신의 영적 성장을 위한 도구로 사용하실 것입니다.

당신이 얼마나 강해질지 혹은 어떤 과정을 겪을 것인가에 대해 계속 가늠해 보려는 욕망을 자제할 것을 경고합니다. 하나님의 손은 우리 눈에 보이지 않으며, 많은 경우 그분께서 하시는 일을 우리가 깨닫지 못하기 때문입니다. 하지만 하나님께서 당신을 이끄시는 일에 대단히 탁월하시다는 것을 확신하십시오. 그분께서 하시는 거의 모든 일은 비밀스럽게 행해지며 우리에게 좋은 것들입니다.

만약 우리가 하나님께서 우리 안에서 행하시는 일들을 낱낱이 보게 된다면, 우리의 자아는 절대 죽지 않을 것입니다. 만약 하나님이 주시는 영적 은혜와 우리 안에서 행하시는 거룩하게 하시는 작업을 진정으로 이해한다면, 우리가 매우 거만해질 것이기 때문입니다. 하나님께서는 우리에게 그분이 하시려는 일을 보이시는 대신 우리가 시험당하고 있는 그 자리에 계시며, 또한 우리의 벌거벗음과 수치, 심지어는 죽음의 자리에서 우리를 위해 일하고 계십니다.

예수님께서는 무엇을 이루어 놓으셨습니까? 예수님께서 언제 "누구든지 나를 따르려거든 자신이 하고 싶은 것을 즐기며, 잘 차려 입고, 행복에 취하며, 자신의 영적 성숙에 기뻐하고, 얼마나 자신이 완벽한지에 도취되어 자신감에 차 있으라"고 하셨나요?

아닙니다. 예수님께서는 그렇게 말씀하신 적이 한 번도 없으십니다. 오히려 그분께서는 이렇게 말씀하셨습니다. "누구든지 나를 따라오려거든 자기를 부인하고 자기 십자가를 지고 나를 따를 것이니라"(마 16:24).

그러므로 예수님의 사역에 마음을 여십시오. 그리고 자아도취를 그분께서 벗기시도록 내어드리십시오. 모든 것이 숨김없이 그분의 자비 앞에 발가벗겨지도록 말입니다. 그 후에 당신은 사랑하던 자아를 버리게 될 것이고, 예수님께서 어린양의 보혈로 정결케 된 흰옷을 입혀 주실 것입니다.

오직 그분의 영광을 소망함으로 예수님께 모든 것을 내려놓고, 더 이상 자신의 힘으로 아무것도 소유하지 않은 영혼은 행복합니다. 이렇게 성결해진 영혼은 결혼을 앞둔 신부와 같습니다. 결혼을 앞둔 신부가 모든 것을 뒤로하고 새롭게 되어 결혼식에 나올 때, 얼마나 아름답겠습니까! 오, 거룩한 신부여, 자신의 모든 것을 버리고 예수님께 나아올 때, 당신은 얼마나 아름답습니까!

신랑이 그분의 아름다움으로 옷 입은 당신을 볼 때, 당신이 느끼는 것 이상의 기쁨을 느낄 것입니다. 당신을 향한 그분의 사랑은 끝이 없습니다. 왜냐하면 당신이 그분의 거룩함으로 옷 입었기 때문입니다.

저는 당신이 제가 전해 드린 것에 깊이 주의를 기울이고, 제가 한 말을 믿기를 원합니다. 아마도 이러한 진리는 매우 써서 영적 소화불량에 걸릴 수도 있습니다. 그러나 당신이 자아에 대해 죽는 것만이 진정한 생명을 얻는 길이라는 진리를 받아들인다면, 당신의 영은 소화불량에서 벗어나 풍부한 생명으로 윤택해질 것입니다. 그러니 자아를 버리고 이 말을 붙

드셔서 믿음으로 화합하시길 진심으로 바랍니다.

옛 자아는 재주가 않고 하와를 속인 뱀보다 더 교활합니다. 자아가 멋대로 행동하지 못하게 하고, 자아에게 귀 기울이기를 거부하며, 하나님의 음성에 귀 기울이는 영혼은 복이 있습니다.

하나님의 뜻, 유일한 보배

제 소망은 당신이 예수 그리스도께 완전히 항복하는 것입니다. 항복의 정도가 '꽤 항복했음'이 아니라 아무것도 망설이지 않고, 어떻게 될지 상관하지 않고 완전히 항복하는 것입니다. 만일 이러한 순종의 태도를 가진다면, 당신은 자신을 속일 수 없을 것입니다. 하지만 만약 당신이 은밀한 조건을 단 순종을 하고 있다면, 자신을 속일 뿐만 아니라 사탄에게 당신을 속이도록 문을 열어 주는 것입니다.

대단한 열심을 매우 조심하십시오. 왜냐하면 이러한 열심은 성령 하나님의 통제 아래 있어야 하기 때문입니다. 그리고 의심이 든다면, 자신 안에서 확신을 찾는 것을 조심하십시오. 당신은 하나님을 제외하고는 결코 확신을 가질 수 없습니다.

더 나은 것을 기대하는 것 역시 조심하십시오. 현실이 쓰라릴지라도, 하나님의 뜻이라면 그것으로 충분합니다. 그분의 뜻이 우리의 유일한 보물입니다. 현재의 상황 때문에 슬프다면, 미래를 기대하며 보상받기를 구하지 마십시오.

우리가 하고 싶어 하는 대로 내버려 둘 때, 실망하게 될 것입니다. 마음을 겸손히 함으로 하나님께서 주신 모든 것을 받아들이십시오. 마음에 의심하지 말고, 이러한 의심을 불러일으키는 자아를 엄격하게 다루십시오. 하나님께서 당신 안에서 일하시도록 하십시오. 그리고 마치 순간을 영원처럼 자아를 초월한 삶을 사는 데 집중하십시오.

34

> 순종은 영웅적 희생이 아니라
> 단순히 하나님의 뜻에
> 고개를 숙이는 것입니다

친애하는 자매님, 당신의 유일한 과제는 약함이 드러나더라도 믿음 안에서 강건해지는 것입니다. 바울은 "내가 약할 때, 나는 강하다"라고 하였습니다. 그렇습니다. 약할 때, 강함이 완벽해집니다. 자신의 약함을 인지하는 만큼 우리는 하나님 안에서 강해집니다. 당신이 겸손하게 약함을 받아들인다면, 당신의 연약함은 강함으로 바뀔 것입니다.

우리는 때로 약함과 겸손이 순종하는 삶과 조화를 이룰 수 없다고 믿고 싶은 유혹에 빠집니다. 그것은 우리가 하나님을 얼마나 사랑하는지, 얼마나 영웅적으로 모든 것을 기꺼이 희생할 수 있는지 그분께 보여 드리고 싶고, 순종을 우리가 하는 위대한 일로 생각하는 경향이 있기 때문입니다. 그러나 하나님께 진정으로 순복하는 것은 잘 보이려 하는 것과는 상관이 없습니다.

진정한 순종에 대해 말씀드리겠습니다. 그냥 하나님의 사랑 안에서 안식하십시오. 마치 엄마 품에 안겨 있는 작은 아이같이 말입니다. 온전한 순종은 순종도 기꺼이 그만둘 수 있습니다. 만일 그것이 하나님께서 원하시는 일이라면 말입니다! 우리는 우리 자신을 포기해야 합니다. 하지만 하나님은 우리 자신이 완벽히 포기되는 때를 알려 주지 않으십니다.

만약 우리가 애쓸 필요가 없다는 것을 알았다면, 더 이상 완벽해지려고 하지 않을 것입니다. 왜냐하면 우리의 자아가 온전히 그분께 순복되어 있다면, 더 이상 완벽해지기 위해 노력하지 않아도 되기 때문입니다.

순종은 자아가 자랑할 수 있는 위대한 영웅적인 행위를 하는 것이 아니라, 하나님께서 보내시는 것은 무엇이든 단순히 받아들이고, 받은 것을 바꾸려고 시도하지 않는 것입니다 (만약 하나님의 뜻이 바뀌는 것이 아니라면 말입니다).

완전한 순종은 완전한 평화입니다. 만일 우리가 쉬지 못하고 이전에 포기한 것들에 대해 염려한다면, 참으로 순종한 것이 아닙니다. 순종은 진정한 평화의 근원입니다. 우리가 평화 가운데 있지 않다면, 순종이 완성되지 않은 것입니다.

> **매일의 죽음이
> 인생의 마지막 죽음을
> 대신합니다**

크리스천은 반드시 자기 십자가를 질 줄 알아야 합니다. 십자가 중에서 자아야말로 가장 큰 십자가입니다. 우리의 이웃에게 인내하며 하나님께 순복하는 것이 십자가의 무게를 줄일 수 있는 가장 좋은 방법입니다.

매일의 삶에서 자아를 내려놓고 자아가 죽는다면, 삶의 마지막 날에 후회가 없을 것입니다. 자아를 사랑함으로 자아의 죽음을 과장하지만 않는다면, 자아가 죽는 그날이 다가와도 두렵지 않을 것입니다.

자신의 연약함에 대해 인내심을 가지십시오. 그리고 이

옷의 도움을 기꺼이 받아들이십시오. 그러다 보면 매일의 사소한 죽음이 마지막 죽음의 고통을 완벽하게 부서뜨릴 것입니다.

> 희생은 죽음이 아니라
> 생명에 속해 있습니다

 많은 사람들은 자아의 죽음이 모든 고통의 원인이라는 생각에 미혹됩니다. 하지만 자아의 죽음은 우리를 괴롭게 하지 않습니다. 우리가 완벽하게 자아에 대해 죽을수록, 우리의 고통은 더 줄어들 것입니다.

 오직 자아의 죽음에 저항하는 사람들만 고통스러울 뿐입니다. 자아는 항상 죽음에 저항합니다. 왜냐하면 자아는 살고자 하는 강한 욕구를 가지고 있기 때문입니다. 죽음에 대한 상상은 시간을 잡아끌고, 자아의 죽음에 대한 두려움을 과장시킵니다. 우리의 영은 끊임없이 자아가 살아 있는 것이 자연스러운 것이라고 주장합니다. 자기애는 마치 죽어 가는 병자가 살고 싶어서 사투를 벌이는 것처럼 죽음에 맞서 싸웁니다.

하지만 이러한 자아의 저항에도 불구하고, 우리는 내적·외적으로 반드시 죽어야 합니다. 사형언도는 우리의 영혼뿐 아니라 육에도 내려집니다. 죄 때문에 우리의 육은 반드시 죽습니다. 하지만 영혼은 반드시 죄에 대해 스스로 죽어야 합니다. 우리의 영혼이 먼저 죽는다면, 육체의 죽음은 마치 잠자는 것처럼 편안할 것임을 확신하십시오. 진정 행복한 사람들은 평안의 잠을 자는 이들입니다.

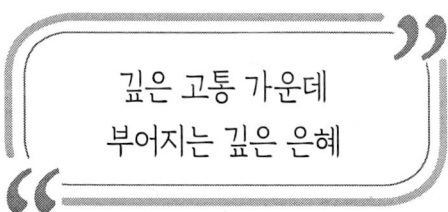

깊은 고통 가운데 부어지는 깊은 은혜

사랑하는 사람이 너무나도 큰 고통 가운데 있다니 제 마음 깊은 곳으로부터 위로를 전합니다. 그녀의 십자가를 함께 지려고 노력하는 당신을 보면서 하나님께서 그녀를 위해 당신을 준비하셨다는 생각이 들었습니다.

그녀에게 하나님에 대한 믿음을 잃지 말라고 전해 주십시오. 하나님은 정확히 그녀가 짊어져야 하는 고통만큼 은혜를 부어 주십니다. 우리를 지으시고, 그분의 은혜로 우리에게 새 힘을 공급하시는 법을 아시는 분은 창조주 하나님밖에는 없습니다. 정확히 은혜와 고난을 나누어 줄 만큼 지혜로운 사람은 없습니다.

우리는 미래의 환난을 볼 수 없기에, 환난 가운데 하나님께서 준비하고 계시는 공급이 쌓이고 있는지도 볼 수 없습니다. 미래를 볼 수도 없고, 미래에 당할 환난 가운데 부어질 하나님의 은혜를 알지도 못하기 때문입니다. 우리는 그저 현재의 상황에 낙담하며 실망하고 싶은 유혹을 느낍니다.

시련은 우리를 향해 밀려오는 거대하고 거센 파도처럼 보입니다. 이때 우리의 마음은 침몰할 것 같은 두려움에 얼어붙습니다. 그러나 우리는 하나님께서 견고한 손으로 시련을 향해 경계선을 그어 놓으셨음을 보지도, 알지도 못합니다. 어떤 시련도 하나님께서 그으신 경계선을 넘어 우리를 치고 지나갈 수 없습니다.

종종 우리는 폭풍이 휘몰아치는 한복판에 서게 됩니다. 그러면 우리를 한순간에 휩쓸어 버릴 정도로 두렵게 보이는 거대한 물결이 덮칠 것입니다. 이러한 상황 가운데 하나님께서는 우리의 영혼에 세미하게 말씀하십니다. "사람이 감당할 시험밖에는 너희가 당한 것이 없나니 오직 하나님은 미쁘사 너희가 감당하지 못할 시험 당함을 허락하지 아니하시고"(고전 10:13).

> 하나님께 저항함으로 밀려오는
> 은혜를 막지 마시길 바랍니다

하나님께서 무엇을 요구하고 계시는지 당신의 마음 깊은 곳에서는 알고 있을 것입니다. 하지만 당신은 저항하고 있지요. 그리고 이것이 당신의 모든 괴로움의 원인입니다. 당신은 하나님께서 요구하시는 것을 행하는 것이 불가능하다고 생각하기 시작할 것입니다. 하지만 소망을 포기해 버리고 싶은 유혹이 무엇인지를 깨달으십시오.

지금 소망을 포기해 버리는 것이 당신에게는 꽤 괜찮게 느껴질 것입니다. 자기 자신에 대한 소망을 포기해 버리는 것 말입니다(더 이상 나아질 수 없는 자신에 대해서 말이지요). 하지만 하나님 안에서 결코 포기란 없습니다. 그분은 언제나 선하고 전능하시며, 당신이 믿는 만큼 원하는 것은 무엇이나 주실 것입니다.

당신이 모든 것을 믿을 수 있다면, 모든 것이 당신의 것이 될 것이며 산도 옮길 수 있을 것입니다. 하지만 아무것도 믿지 않는다면, 당신은 아무것도 가질 수 없을 것이고 조롱거리만 될 것입니다. 아브라함을 보십시오! 그는 말도 안 되는 모든 소망에 대해 소망하는 것을 포기하지 않았습니다. 마리아를 보십시오! 그녀는 이 세상에서 가장 믿을 수 없는 제안을 받았을 때, 망설임 없이 "주의 여종이오니 말씀대로 내게 이루어지이다"(눅 1:38)라고 고백하였습니다.

그러니 하나님의 은혜의 풍성함에 마음을 여십시오. 당신은 하나님께서 요구하시는 것을 행할 힘이 없을 뿐만 아니라, 그것을 행할 욕구조차 없는 자신 안에 갇혀 있습니다. 사실 당신은 이 상황에 하나님의 은혜에 마음을 열면, 무슨 일이 벌어질까 두려워하는 것처럼 보입니다. 그래서 마음의 문을 완전히 잠가 놓을 때는 하나님의 은혜가 당신의 마음을 채울 수 없는 것입니다.

제가 원하는 것은 당신이 가르침을 받아들일 수 있는 믿음의 영성을 갖는 것입니다. 자신에게 너무 집중함으로 문제에 사로잡히지 마십시오. 그분의 은혜에 마음을 열고, 겸손히 하나님의 손에 모든 것을 올려놓고, 그분을 단순히 신뢰하십시오. 당신이 그분을 신뢰함으로 평안을 얻는다면, 절대 풀리지 않을 것 같던 상황도 쉬는 사이에 풀려 있을 것입니다. 왜냐하면 안식한다는 것은 당신이 상황을 바라보지 않고 하나님을 신뢰한다는 믿음의 표현이기 때문입니다. 결국 믿음이 모든 상황을 바꾸고 이깁니다.

> 하나님은 영혼에게
> 말씀하시기보다
> 영혼 안에 말씀하길 원하십니다

당신이 단순하고 평화로운 삶을 사는 것을 지켜보는 것만큼 저에게 만족을 주는 것은 없습니다. 단순함은 에덴동산의 기쁨을 상기시킵니다. 에덴동산에서 우리는 고통 없이 순전한 기쁨을 누릴 수 있습니다. 뿐만 아니라 우리가 하나님께 순종할 때, 기쁨이 우리를 사로잡고 심지어 인생의 문제들도 감사함으로 받아들이게 됩니다.

우리에게 고통만을 주는 자아의 요구로부터 그리고 그것을 무시하면 큰일날 것 같은 두려움으로부터의 자유는 이 세상이 주는 것과는 비교할 수 없는 평안으로 가득한 기쁨을 줍니다. 그러니 하나님께서 당신을 위해 마련해 놓으신 이 땅의 에덴동산의 삶에 만족하십시오. 그리고 선악을 알고자 하는 헛된 욕망을 만족시키기 위해 에덴동산을 떠나지 않도록 주의하십시오.

만약 하나님께서 허락하셔서 친구 없이 혼자 살아가게 되더라도, 자기연민에 빠지지 마시길 바랍니다. 만약 하나님만이 우리의 유일한 친구라고 생각한다면, 그분의 품에 안겨 있느라 친구가 없다며 불평하는 일은 없을 것입니다.

하나님께서 우리를 돕기를 열망하신다는 것보다 더 감동적인 것은 없습니다. 그리고 하나님께서 우리를 돕기 위해 세우신 그분의 종들을 통해 우리를 축복하길 원하실 때, 우리가 알아야 할 것이 있습니다. 그것은 바로 그분의 사랑과 축복은 그분의 종들의 어떠함과는 전혀 관련이 없다는 것입니다.

도움은 하나님께로부터 오며, 그 도움은 좋은 것입니다. 하나님께서 당신의 마음에 그분의 은혜라는 진리의 길을 이미 닦아 놓으셨다면, 그분의 은혜를 가져오기 위한 다른 통로가 필요하지 않을 것입니다. 이것이 바로 하나님께서 하신 일입니다. "옛적에 선지자들을 통하여 여러 부분과 여러 모양으로 우리 조상들에게 말씀하신 하나님이 이 모든 마지막에는 아들을 통하여 우리에게 말씀하셨으니"(히 1:1-2).

살아 계신 하나님의 아들은 우리의 영에 은혜의 원천입니다. 그렇다면 옛 선지자들의 희미한 목소리가 중단된 것에 슬픔을 느껴야 할까요? 이것이야말로 얼마나 쓸데없는 슬픔입니까! 제 경험으로는, 은혜의 통로가 없어질 때마다 제 안에 살아서 역사하시는 성령님께서 더욱 생명력 넘치는 목소리로 저를 새롭게 일으키십니다!

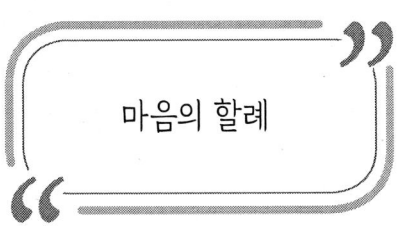

마음의 할례

　타인을 돕고자 하는 우리의 열심은 보통 진정한 크리스천으로서의 사랑이라기보다 선천적인 관대함에서 나오는 경우가 많습니다. 가끔 남을 섬기는 것은 그러한 행동이 얼마나 좋은 일인지 자기 자신에게 확신시키기에 좋은 방법으로 보입니다.

　하지만 진정한 사랑에서 나오지 않은 섬김은 곧 관심이 시들해지기 마련입니다. 진정한 사랑은 단순하며, 언제나 우리의 이웃을 향해 한결같습니다. 진정한 사랑은 겸손하며, 결코 이기적이지 않습니다. 하나님께서 부어 주신 사랑으로 섬기는 것이 아니라면, 섬김으로 우리 자신을 높이려는 것밖에 되지 않습니다.

이처럼 우리 마음의 이기적이고 불순한 의도를 도려내는 것이 바로 마음의 할례입니다. 우리는 믿음의 조상 아브라함의 자손입니다. 따라서 아브라함처럼 어디로 가야 할지 모른 채 우리의 고향을 떠날 수 있습니다. 하나님의 할례의 칼로 모든 것을 떠나고, 우리 자신까지도 내려놓을 수 있는 인생은 얼마나 복된 인생입니까! 그 누가 죄를 도려내는 일을 하나님보다 더 잘할 수 있겠습니까?

우리 손으로는 한 번도 제대로 된 자리에 칼을 대본 적이 없습니다. 우리는 단순히 약간의 지방을 제거하고, 약간의 인위적인 변화를 가져올 수 있을 뿐입니다. 정확히 어디를 잘라내야 되는지 충분히 이해하고 있지도 않습니다. 우리는 예민한 부위를 찾지 못하지만, 하나님은 손쉽게 찾아내십니다. 우리가 만약 그 부위가 어디에 있는지 안다 해도, 자기애는 그 칼을 붙들고 사용하지 못하게 할 것입니다.

자기애는 자기를 상처낼 만한 용기가 없습니다. 그리고 칼이 치명적인 부위에 꽂히더라도, 그 고통을 경감시키기 위해 신경은 그 고통에 대항하며 강철처럼 단단해질 것이고, 이를 갈게 될 것입니다. 하지만 예상치 못한 순간에 하나님의 손은 심각하게 감염되어 도려내지 않으면 안 되는 부분을 치십니다. 고통이 따르더라도 말입니다.

이때 자기애가 얼마나 고통으로 울부짖겠습니까! 그냥 울게 내버려 두십시오. 그러나 자기애가 성공적인 수술을 방해하게 내버려 두지 마십시오. 하나님께서는 이러한 수술이 매우 아프다는 것을 알고 계십니다. 하지만 하나님이 원하시는 것은 그분의 칼 아래 움직이지 말고 한 번의 내려침에 저항하지 않는 것입니다.

저는 세례 요한을 매우 존경합니다. 그는 예수님만을 생각하기 위해 자기 자신을 완전히 잊어버렸습니다. 세례 요한은 예수님을 강조했습니다. 그는 예수님의 길을 예비하는 광야의 외치는 소리였습니다. 세례 요한은 자신의 제자들을 다 예수님께 보냈습니다. 그는 의지적으로 자신보다 예수님을 더 높여 드렸습니다. 그리하여 그는 여자에게서 난 자 중 가장 위대한 자로 불렸습니다.

Let Go
by Francois Fenelon

Copyright ⓒ 1973 by Whitaker House

30 Hunt Valley Circle
New Kensington, PA 15068

Korean Translation Copyright ⓒ 2007 by Pure Nard
2F 16, Eonju-ro 69-gil Gangnam-gu, Seoul, Korea

The Korean edition is published by arrangement with Whitaker House.
All rights reserved.

본 저작물의 한국어판 저작권은 Whitaker House와의 독점 계약으로 '순전한 나드'가 소유합니다.
저작권자의 허락 없이 이 책의 일부 또는 전체를 무단 복제, 전재, 발췌하면 저작권법에 의해 처벌을 받습니다.

내어드림 개정판

개정 1판 3쇄| 2022년 2월 25일

지 은 이| 프랑소와 페늘롱
옮 긴 이| 신은정, 신희정

펴 낸 이| 허철
편　 집| 김혜진
디 자 인| 이보다나
총　 괄| 허현숙
인 쇄 소| 예원프린팅

펴 낸 곳| 도서출판 순전한 나드
등록번호| 제2010-000128
주　 소| 서울특별시 강남구 언주로69길 16, (역삼동) 2층
도서문의| 02) 574-6702
팩　 스| 02) 574-9704
홈페이지| www.purenard.co.kr

ISBN 978-89-6237-288-5 03230